Okusi Italije
Kulinarična Razvajanja

Martina Bianchi

KAZALO

Uvod 7

Kruhovi rezanci v juhi 10

Tirolski kruhovi cmoki 12

Juha iz stročjega fižola in klobas 15

Juha z endivijo in mesnimi kroglicami 18

"Poročena" juha 21

Toskanska ribja juha 24

Krhka ribja juha 27

Morski sadeži, testenine in fižolova juha 29

Školjke in školjke v paradižnikovi juhi 33

Marinara omaka 35

sveža paradižnikova omaka 37

Paradižnikova omaka, na sicilijanski način 39

Paradižnikova omaka, toskansko 41

Pizzaiola omaka 44

"Lažna" mesna omaka 46

Rožnata omaka 49

Paradižnikova omaka s čebulo 51

pečena paradižnikova omaka 53

Ragu v abruškem slogu 55

Neapeljski ragu 58

klobasa ragu 62

Ragú v slogu maršev 64

Toskanska mesna omaka 67

Ragú a la Bologna 71

Račji ragu 74

Zajčji ali piščančji ragu 77

Jurčki in mesni ragu 80

Svinjski ragu s svežimi zelišči 83

Ragu s tartufi 86

Omaka iz masla in žajblja 90

sveto olje 92

Fontina sirna omaka 93

Bešamel omaka 94

Česnova omaka 96

Zelena omaka 98

Sicilijanska omaka iz česna in kaper 100

Peteršilj in jajčna omaka 102

Rdeča paprika in paradižnikova omaka 105

olivno omako 107

Na soncu sušena paradižnikova omaka 108

Poprova omaka na način Molise 109

Majoneza iz olivnega olja 111

Fettuccine s spomladansko zelenjavo 115

Fettuccine s kremo Gorgonzola 117

Tagliarini s pestom, na genovski način 119

Fettuccine z artičokami 122

Fettuccine s paradižnikovimi fileji 125

Fettuccine s tisoč zelišči 127

Fettuccine s klobaso in smetano 131

Zeleno-bele testenine s klobaso in smetano 133

Fettuccine s porom in fontino 135

Fettuccine z gobami in pršutom 138

Poletne tagliatelle 140

Fettuccine z omako iz gob in inčunov 142

Fettuccine s pokrovačami 144

Tagliarini s kozicami in kaviarjem 146

Hrustljave testenine s čičeriko, po apuljsko 148

Tagliarini z abruškim čokoladnim ragujem 151

Bolonjska lazanja 154

Neapeljska lazanja 157

Špinača in gobova lazanja 160

zelena lazanja 163

Zelena lazanja z rikoto, baziliko in paradižnikovo omako ... 167

Lazanje z jajčevci ... 170

Rikota in kaneloni s šunko ... 174

Goveji in špinačni kaneloni ... 178

Zeleni in beli kaneloni ... 182

Kaneloni s pehtranom in pecorinom ... 185

Sirni ravioli s svežo paradižnikovo omako ... 188

Ravioli s sirom in špinačo na parmanski način ... 192

Zimski bučni ravioli z maslom in mandlji ... 195

Mesni ravioli s paradižnikovo omako ... 198

Ravioli s toskansko klobaso ... 202

Začinjeni ravioli, pohodniško ... 204

Ravioli z gobami v maslu in žajblju ... 206

Velikanski ravioli s tartufovim maslom ... 208

Pesni ravioli z makom ... 211

Testeninski kolobarji polnjeni z mesom v smetanovi omaki ... 213

Krompirjeva tortelija z ragujem iz klobas ... 217

Krompirjevi njoki ... 220

Uvod

Italijanska hrana je več kot le pica in špageti. Obstaja veliko različnih sestavin, okusov in jedi, s katerimi lahko eksperimentirate doma. Ko pomislite na italijansko kuhinjo, si lahko predstavljate nekaj, kar je bližje italijansko-ameriški kuhinji, ki je daleč stran od pristne italijanske hrano. Ker so generacije italijanskih priseljencev skozi leta prinašale recepte svojih družin v Ameriko iz svojih domačih krajev, so kasnejše generacije te jedi prilagodile in spremenile zaradi pomanjkanja razpoložljivosti določenih izdelkov, vpliva ameriške kuhinje in preferenc svojih družin. . Vaša najljubša pica v petek zvečer morda ni podobna tisti, ki jo imajo nekateri domači Italijani za svojo značilno jed.

Zbrati popolno zbirko receptov, ki predstavljajo italijansko hrano, je nemogoča naloga. Zaradi številnih regij v Italiji, pa tudi zaradi vplivov drugih kultur in raznolikosti jedi, ki jih je mogoče pripraviti v italijanskem slogu, bi za pripravo vseh italijanskih jedi potrebovali celotno kuhinjo!

Kje začeti?

Od krepkih in tolažilnih testenin in fižolove juhe do klasičnega piščančjega parmezana ali hrustljavih in sladkih janeževih piškotov – ugotovili boste, da bodo te okusne jedi, ki jih je enostavno pripraviti, kmalu postale najbolj priljubljene jedi v vaši družini.

Italijanska kuhinja v veliki meri temelji na družinski tradiciji, zaznamujejo pa jo sveže sestavine in preprosta priprava. Čeprav so nekateri od teh receptov že spremenjeni glede na prvotno stanje, jih lahko še bolj prilagodite svojemu okusu in okusu svoje družine. Sestavine lahko dodajate in odstranjujete, da naredite živila bolj kremasta, slajša, bolj barvita ali bolj hranljiva. Noben recept ni svet, italijanska kuhinja pa temelji na eksperimentiranju in povezanosti.

Kaj čakaš?

Uživajte v teh pristnih receptih.

Kruhovi rezanci v juhi

Passatelli v Brodu

Za 6 obrokov

passatelli*So rezancem podobni trakovi testa, narejeni iz posušenih krušnih drobtin in naribanega sira, povezanih s stepenimi jajci. Testo se skozi napravo, podobno stiskalniku krompirja ali mlinčku za hrano, spusti neposredno v vrelo juho. Nekateri kuharji dodajo v testo malo sveže naribane limonine lupinice. Passatelli v jušni juhi so bili nekoč tradicionalna nedeljska jed v Emiliji-Romanji, sledila pa jim je pečenka.*

8 domačih skodelic<u>Mesna juha</u>bodisi<u>Kokošja juha</u>ali mešanica polovice kupljene juhe in polovice vode

3 velika jajca

1 skodelica sveže naribanega parmigiano-reggiana in še več za postrežbo

2 žlici svežega ploščatega peteršilja, zelo drobno sesekljanega

1/4 žličke naribanega muškatnega oreščka

Približno 3/4 skodelice suhih drobtin

1. Po potrebi pripravite juho. Nato v veliki skledi stepamo jajca, dokler se ne združijo. Vmešajte sir, peteršilj in muškatni orešček, dokler ni gladka. Dodajte toliko drobtin, da nastane gladka, gosta pasta.

2. Če ni sveže pripravljena, juho zavrite v velikem loncu. Okusite juho in po potrebi prilagodite začimbe.

3. Nad lonec postavite mlinček za hrano, opremljen z rezilom z velikimi luknjami, rezalnik krompirja ali cedilo z velikimi luknjami. Mešanico sira potisnite skozi mlinček ali cedilo v vrelo juho. Dušimo 2 minuti. Odstranite z ognja in pustite počivati 2 minuti, preden postrežete. Postrezite vroče z dodatnim sirom.

Tirolski kruhovi cmoki

Canederli

Za 4 porcije

Kuharji v severni Italiji, blizu avstrijske meje, pripravljajo kruhove cmoke, ki so popolnoma drugačni od cmokov passatelli, ki jih pripravljajo v Emiliji Romanji. Podobno kot avstrijski knödel se canederli pripravljajo iz polnozrnatega ali rženega kruha, začinjenega s salamo (suha klobasa iz grobo mletega svinjskega mesa) ali mortadelo (nežna klobasa iz zelo fino mlete svinjine, aromatizirana z muškatnim oreščkom) in pogosto celimi pistacijami.). Dušimo jih v tekočini, nato jih postrežemo v juhi, dobri pa so tudi s paradižnikovo omako ali masleno omako.

8 domačih skodelic Mesna juha bodisi Kokošja juha ali mešanica polovice kupljene juhe in polovice vode

4 skodelice rženega kruha brez semen ali en dan starega polnozrnatega kruha

1 skodelica mleka

2 žlici nesoljenega masla

1 1/2 skodelice sesekljane čebule

3 unče salame, mortadele ali prekajene šunke, drobno sesekljane

2 veliki jajci, pretepeni

2 žlici sesekljanega svežega drobnjaka ali svežega ploščatega peteršilja

Sol in sveže mlet črni poper

Približno 1 skodelica večnamenske moke

1/2 skodelice sveže naribanega parmigiano-reggiana

1. Po potrebi pripravite juho. Nato v večji skledi kruh za 30 minut namočite v mleko in občasno premešajte. Kruh se mora začeti drobiti.

2. V majhni ponvi na srednjem ognju stopite maslo. Dodajte čebulo in med pogostim mešanjem kuhajte do zlato rjave barve, približno 10 minut.

3. Vsebino ponve postrgajte na kruh. Dodamo meso, jajca, drobnjak ali peteršilj ter solimo in popramo po okusu. Po

malem dodajte toliko moke, da zmes obdrži obliko. Pustimo počivati 10 minut.

4. Roke zmočite s hladno vodo. Zajemite približno 1/4 skodelice mešanice in jo oblikujte v kroglo. Kroglo povaljamo v moki. Kroglo testa položite na kos voščenega papirja. Ponovite s preostalo mešanico.

5. Prinesite velik lonec vode, da zavre. Ogenj zmanjšamo, da voda zavre. Previdno dodamo polovico mesnih kroglic ali le toliko, da se lonec ne napolni. Kuhajte 10 do 15 minut oziroma dokler mesne kroglice niso kuhane. Z žlico z režami prenesite mesne kroglice na krožnik. Na enak način skuhamo preostale mesne kroglice.

6. Ko ste pripravljeni, da juho postrežete, juho segrejte na majhnem ognju. Dodajte mesne kroglice in dušite 5 minut ali dokler se ne segrejejo. Postrezite mesne kroglice v juhi z naribanim sirom.

Juha iz stročjega fižola in klobas

Zuppa di Fagiolini

Za 4 porcije

Nekega poletja, ko sem bil majhen, sem obiskal pra-teto, ki je imela čudovito viktorijansko hišo na obali Long Islanda v New Yorku. Vsak dan je kuhala bogata kosila in večerje za svojega moža, ki je pričakoval nič manj kot tri jedi. To je bila ena od juh, ki sem jih pripravil.

Jaz za to juho uporabim srednjezrnat riž, kakršnega uporabljam za rižoto, ker ga doma običajno jem, pa tudi dolgozrnati bi se obnesel.

2 žlici olivnega olja

1 srednja sesekljana čebula

1 rdeča ali rumena paprika, sesekljana

3 svinjske klobase na italijanski način

2 velika paradižnika, olupljena, brez semen in narezana, ali 1 skodelica narezanih paradižnikov v pločevinkah

8 unč zelenega fižola, obreženega in narezanega na majhne koščke

Ščepec zdrobljene rdeče paprike

Sol

3 skodelice vode

1 1/4 skodelice srednjezrnatega riža, kot je Arborio

1. Vlijte olje v srednje veliko ponev. Dodajte čebulo, papriko in klobaso ter med občasnim mešanjem kuhajte, dokler se zelenjava ne zmehča in klobase rahlo porjavijo, približno 10 minut.

2. Dodamo paradižnik, stročji fižol, mleto rdečo papriko in sol po okusu. Prilijemo 3 skodelice hladne vode in pustimo vreti. Zmanjšajte ogenj in kuhajte 15 minut.

3. Klobase preložimo na krožnik. Klobase narežemo na tanke rezine in jih vrnemo v lonec.

4. Dodajte riž in kuhajte, dokler se riž ne zmehča, še 15 do 20 minut. Postrezite toplo.

Juha z endivijo in mesnimi kroglicami

Zuppa di Scarola in Polpettini

Za 6 do 8 obrokov

To je bila moja najljubša juha, ko sem bila majhna, čeprav smo jo jedli le ob praznikih in posebnih priložnostih. Še vedno se ne morem upreti in to pogosto počnem.

4 litre domačega<u>Kokošja juha</u>ali mešanica polovice kupljene juhe in polovice vode

1 srednja glava endivije (približno 1 funt)

3 veliki korenčki, narezani

mesne kroglice

1 funt mlete govedine ali teletine

2 veliki jajci, pretepeni

1 1/2 skodelice zelo drobno sesekljane čebule

1 skodelica drobtin

1 skodelica sveže naribanega Pecorina Romana in še več za postrežbo

1 čajna žlička soli

Sveže mleti črni poper, po okusu

1. Po potrebi pripravite juho. Nato obrežite escarole in zavrzite vse obrobljene liste. Odrežite konce stebla. Liste ločimo in jih dobro operemo s hladno vodo, še posebej na sredini listov, kjer se nabira umazanija. Zložite liste in jih prečno narežite na 1-palčne trakove.

2. V velikem loncu zmešajte juho, escarole in korenje. Zavremo in kuhamo 30 minut.

3. Medtem pripravite mesne kroglice: v veliki skledi zmešajte vse sestavine za mesne kroglice. Z rokami (ali z majhno zajemalko) oblikujte mešanico v majhne kroglice, približno velikosti majhnega grozdja, in jih položite na krožnik ali pladenj.

4. Ko je zelenjava pripravljena, mesne kroglice eno za drugo nežno položite v juho. Kuhajte na majhnem ognju, dokler se mesne kroglice ne skuhajo, približno 20 minut. Okusite in

prilagodite začimbe. Postrezite vroče, potreseno z naribanim Pecorinom Romanom.

"Poročena" juha

Minestra Maritata

Za 10 do 12 obrokov

Mnogi ljudje domnevajo, da je ta neapeljska juha dobila ime po tem, da je bila postrežena na poročnih banketih, v resnici pa se "poročena" nanaša na poroko okusov različnega mesa in zelenjave, ki so glavne sestavine. Gre za zelo star recept, nekoč jed, ki so jo ljudje jedli vsak dan in ji dodajali poljubne ostanke mesa in zelenjave, ki so jih našli. Dandanes velja za staromodno, čeprav si ne morem predstavljati bolj zadovoljujočega obroka v mrzlem dnevu.

Namesto spodnje zelenjave lahko uporabite blitvo, radič, ohrovt ali zelje. Namesto sopresate poskusite genovsko ali drugo italijansko salamo ali pršut s kostjo. Za najboljši okus juho pripravite en dan pred serviranjem.

1 funt mesnatih svinjskih rebrc (rustikalna svinjska rebra)

1 kost pršuta (po želji)

2 srednje velika korenčka, sesekljana

2 rebri zelene z listi

1 srednja čebula

1 funt italijanske svinjske klobase

1 debela rezina uvoženega italijanskega pršuta (približno 4 unče)

1 4-unčni kos soppressate

Ščepec zdrobljene rdeče paprike

1 1/2 funta (1 majhna glava) endivije, obrezane

1 funt (1 srednji šop) narezanega brokolija

1 funt (približno pol majhne glave) ohrovta, narezanega na trakove

8 unč brokolija, narezanega na cvetove (približno 2 skodelici)

Sveže nariban Parmigiano-Reggiano

1. V večjem loncu zavremo 5 litrov vode. Dodajte svinjska rebra, kost pršuta, če uporabljate, korenje, zeleno in čebulo. Znižajte ogenj in kuhajte 30 minut na zmernem ognju.

2. Posnemite morebitno peno, ki se dvigne na površino. Dodamo klobaso, pršut, sopresato in mleto rdečo papriko. Kuhajte, dokler se svinjska rebra ne zmehčajo, približno 2 uri.

3. Medtem operemo in narežemo vso zelenjavo. Prinesite velik lonec vode, da zavre. Dodajte polovico zelenjave. Zavremo in kuhamo 10 minut. Z žlico z režami prenesite zelenjavo v cedilo nad veliko skledo. Na enak način skuhamo preostalo zelenjavo. Dobro odcedimo in ohladimo. Ko se ohladi, zelenjavo narežemo na majhne koščke.

4. Po 2 urah kuhanja odstranite meso in klobase iz juhe. Kosti zavržemo, meso in klobase pa narežemo na majhne koščke.

5. Pustite, da se juha nekoliko ohladi. Odstranite maščobo iz juhe. Precedite juho skozi fino mrežasto cedilo v velik, čist lonec. Meso vrnite v juho. Dodajte zelenjavo. Ponovno zavrite in kuhajte 30 minut.

6. Postrezite vroče, potreseno z naribanim Parmigiano-Reggiano.

Toskanska ribja juha

Cacciucco

Za 6 obrokov

Več vrst rib boste dodali v lonec za to toskansko specialiteto, boljšega okusa bo juha.

1 1/4 skodelice olivnega olja

1 srednja čebula

1 rebro zelene, sesekljano

1 sesekljan korenček

1 strok česna, mlet

2 žlici sesekljanega svežega peteršilja

Ščepec zdrobljene rdeče paprike

1 lovorjev list

1 živ jastog (1 do 2 funta)

2 celi ribi (približno 1 1/2 funta vsaka), kot je prašiček, brancin, hlastač ali brancin, očiščeni in narezani na kose (odstranite in rezervirajte glave)

1 1/2 skodelice suhega belega vina

1 funt paradižnika, olupljen, brez semen in narezan

1 funt kalamarov (lignjev), očiščenih in narezanih na 1-palčne kolobarje

Rezine popečenega italijanskega kruha

1. V velik lonec vlijemo olje. Dodamo čebulo, zeleno, korenček, česen, peteršilj, poper in lovorov list. Kuhajte na zmernem ognju in pogosto mešajte, dokler zelenjava ni mehka in zlata, približno 10 minut.

2. Jastoga položite na desko za rezanje z votlino obrnjeno navzgor. Ne odstranjujte trakov, ki držijo kremplje zaprte. Zaščitite roko s težko brisačo ali držalom za lonec in držite jastoga nad repom. Potopite konico težkega kuharskega noža v telo, kjer se rep spoji s prsmi. S škarjami za perutnino odstranite tanko lupino, ki prekriva meso repa. Odstranite temno žilo z repa, vendar pustite zeleni tomalley in rdeče

korale, če obstajajo. Rep postavite na stran. Telo jastoga in kremplje na sklepih narežite na 1- do 2-palčne kose. S topo stranjo noža udarite po krempljih, da jih zlomite.

3. V lonec dodajte prsni koš jastoga ter prihranjene ribje glave in obrezke. Kuhajte 10 minut. Prilijemo vino in dušimo 2 minuti. Dodajte paradižnik in 4 skodelice vode. Zavremo in kuhamo 30 minut.

4. Z žlico z režami odstranite votlino jastoga, ribje glave in lovorov list iz lonca ter zavrzite. Preostale sestavine prenesite skozi mlinček v veliko skledo.

5. Lonec oplaknemo in prilijemo juho. Tekočino zavremo. Dodajte morske sadeže, ki potrebujejo daljše kuhanje, na primer lignje. Kuhajte, dokler se skoraj ne zmehča, približno 20 minut. Dodajte jastogov rep, kremplje in koščke ribe. Kuhajte, dokler jastog in ribe v notranjosti niso prozorni, še približno 10 minut.

6. V vsako jušno skledo položite popečene rezine kruha. Juho prelijemo po kruhu in vročo postrežemo.

Krhka ribja juha

Ciuppin

Za 6 obrokov

Za to juho lahko uporabite eno vrsto rib ali več vrst. Za bolj česnov okus natrite popečene rezine kruha s strokom surovega česna, preden juho dodate v sklede. Pomorščaki iz Genove so to klasično juho prinesli v San Francisco, kjer se jih je veliko naselilo. San Frančiškani svojo različico imenujejo cioppino.

2 1/2 funta različnih čvrstih ribjih filejev z belim mesom, kot so morska plošča, brancin ali mahi mahi

1 1/4 skodelice olivnega olja

1 srednje velik korenček, drobno narezan

1 rebro mlade zelene, drobno sesekljane

1 srednja sesekljana čebula

2 stroka česna drobno sesekljana

1 skodelica suhega belega vina

1 skodelica olupljenih, semen in narezanih svežih paradižnikov ali konzerviranih paradižnikov

Sol in sveže mlet črni poper

2 žlici sesekljanega svežega peteršilja

6 rezin popečenega italijanskega ali francoskega kruha

1. Kose rib sperite in posušite. Ribo narežite na 2-palčne kose, pri čemer zavrzite kosti.

2. V velik lonec vlijemo olje. Dodajte korenček, zeleno, čebulo in česen. Med pogostim mešanjem kuhajte na zmernem ognju, dokler se ne zmehča in zlato porjavi, približno 10 minut. Dodamo ribe in kuhamo, občasno premešamo, še 10 minut.

3. Zalijemo z vinom in kuhamo na majhnem ognju. Dodajte paradižnik, sol in poper po okusu. Prilijemo hladno vodo, da pokrije. Zavremo in kuhamo 20 minut.

4. Dodajte peteršilj. V vsako jušno skledo položite rezino toasta. Juho prelijemo po kruhu in vročo postrežemo.

Morski sadeži, testenine in fižolova juha

Testenine in Fagioli ai Frutti di Mare

Za 4 do 6 obrokov

Juhe, ki združujejo testenine in fižol z morskimi sadeži, so priljubljene po vsej južni Italiji. To je moja različica tiste, ki sem jo poskusil v Alberto Ciarla, slavni restavraciji z morsko hrano v Rimu.

1 funt majhnih školjk

1 funt majhnih školjk

2 žlici olivnega olja

2 unči drobno sesekljane slanine

1 srednja čebula, drobno sesekljana

2 stroka česna drobno sesekljana

3 skodelice kuhanega, posušenega ali konzerviranega fižola kanelini, odcejenega

1 skodelica sesekljanega paradižnika

1 1/2 funta kalamarov (lignjev), narezanih na 1-palčne kolobarje

Sol in sveže mlet črni poper

8 unč špagetov, zlomljenih na 1-palčne kose

2 žlici sesekljanega svežega peteršilja

Ekstra deviško olivno olje

1. Školjke za 30 minut postavite v hladno vodo, da jih pokrijete. Zdrgnite jih s trdo krtačo in ostrgajte morebitne školjke ali alge. Odstranite bodice tako, da jih povlečete proti ozkemu koncu lupine. Zavrzite vse školjke, ki imajo razpokane lupine ali ki se ob udarjanju ne zaprejo. Školjke dajte v velik lonec z 1/2 skodelice hladne vode. Lonec pokrijemo in pustimo vreti. Kuhajte, dokler se školjke ne odprejo, približno 5 minut. Z žlico z režami prenesite školjke v skledo.

2. Školjke položite v lonec in ponev pokrijte. Kuhajte, dokler se školjke ne odprejo, približno 5 minut. Odstranite školjke iz lonca. Precedite tekočino iz lonca skozi papirnati kavni filter v skledo in odstavite.

3. S prsti odstranite školjke in školjke ter jih položite v skledo.

4. V velik lonec vlijemo olje. Dodajte slanino, čebulo in česen. Kuhajte, pogosto mešajte, na zmernem ognju, dokler se ne zmehča in zlate barve, približno 10 minut.

5. Dodamo fižol, paradižnik in lignje. Dodajte rezervirane sokove morskih sadežev. Zavremo in kuhamo 20 minut.

6. Dodajte morske sadeže in kuhajte, dokler niso kuhani, približno 5 minut.

7. Medtem zavrite velik lonec vode. Dodajte testenine in sol po okusu. Kuhajte do mehkega. Testenine odcedimo in dodamo juhi. Dodajte malo tekočine za pasto, če se zdi juha pregosta.

8. Dodajte peteršilj. Postrezite vroče, pokapano z ekstra deviškim oljčnim oljem.

Školjke in školjke v paradižnikovi juhi

Zuppa di Cozze

Za 4 porcije

To lahko storite z vsemi školjkami ali vsemi školjkami, če želite.

2 kilograma školjk

1 1/2 skodelice olivnega olja

4 stroki česna, drobno sesekljani

2 žlici sesekljanega svežega peteršilja

Ščepec zdrobljene rdeče paprike.

1 skodelica suhega belega vina

3 funte zrelih paradižnikov, olupljenih, brez semen in narezanih ali 2 pločevinki (28 do 35 unč) uvoženih italijanskih pelatov, narezanih

Sol

2 funta majhnih školjk

8 rezin popečenega italijanskega ali francoskega kruha

1 cel strok česna

1. Školjke za 30 minut postavite v hladno vodo, da jih pokrijete. Zdrgnite jih s trdo krtačo in ostrgajte morebitne školjke ali alge. Odstranite bodice tako, da jih povlečete proti ozkemu koncu lupine. Zavrzite vse školjke, ki imajo razpokane lupine ali ki se ob udarjanju ne zaprejo.

2. V večji kozici na srednjem ognju segrejte olje. Dodajte sesekljan česen, peteršilj in zdrobljeno rdečo papriko ter dušite, dokler česen ne zlato porumeni, približno 2 minuti. Prilijemo vino in zavremo. Dodamo paradižnik in ščepec soli. Kuhajte na srednjem ognju, občasno premešajte, dokler se rahlo ne zgosti, približno 20 minut.

3. Nežno zložite školjke in školjke. Lonec pokrijemo. Kuhajte 5 do 10 minut, dokler se školjke in školjke ne odprejo. Zavrzite vse, ki se ne odprejo.

4. Toast natremo z narezanim strokom česna. Na vsak globok krožnik položimo kos kruha. Na vrh dajte školjke in školjke ter njihovo tekočino. Postrezite toplo.

za uporabo z drugimi živili.

Marinara omaka

Marinara omaka

Naredi 2 1/2 skodelice

Česen daje tej hitro skuhani južnoitalijanski omaki značilen okus. Napolitanke nageljnove žbice rahlo zdrobimo s stranjo velikega noža. Tako lažje odstranite lupino in odprete nageljnove žbice, da sprostijo svoj okus. Pred serviranjem odstranite cele stroke česna.

Baziliko dodam ob koncu kuhanja za najbolj svež okus. Posušena bazilika je slaba zamenjava za svežo, lahko pa nadomestite svež peteršilj ali meto. Ta omaka je idealna za špagete ali druge suhe testenine.

1 1/4 skodelice olivnega olja

2 velika stroka česna, zdrobljena

Ščepec zdrobljene rdeče paprike

3 funte svežih slivovih paradižnikov, olupljenih, brez semen in narezanih, ali 1 pločevinka (28 unč) uvoženih italijanskih olupljenih paradižnikov z njihovim sokom, ki so šli skozi mlin za hrano

Sol po okusu

4 liste sveže bazilike, narezane na koščke

1.Vlijte olje v srednje veliko ponev. Dodamo česen in rdečo papriko. Kuhajte na srednjem ognju, česen enkrat ali dvakrat obrnite, dokler ne zlato porumeni, približno 5 minut. Odstranite česen iz ponve.

2.Dodajte paradižnik in sol po okusu. Med občasnim mešanjem kuhajte 20 minut oziroma dokler se omaka ne zgosti.

3.Ugasnemo ogenj in dodamo baziliko. Postrezite toplo. Pripravite ga lahko vnaprej in ga v tesno zaprti posodi shranite v hladilniku do 5 dni ali v zamrzovalniku do 2 meseca.

sveža paradižnikova omaka

Leggero omaka

Naredi 3 skodelice

Ta omaka je nenavadna, ker se ne začne z običajno čebulo ali česnom, kuhanim na oljčnem olju ali maslu. Namesto tega se dišave dušijo skupaj s paradižniki, tako da ima omaka nežen rastlinski okus. Postrezite ga s katero od svežih testenin ali kot omako za fritajo ali drugo omleto.

4 funte zrelih češpljevih paradižnikov, olupljenih, brez semen in narezanih

1 srednje velik korenček, sesekljan

1 srednja sesekljana čebula

1 manjše rebro zelene, sesekljane

Sol po okusu

6 listov sveže bazilike, narezanih na majhne koščke

1 1/4 skodelice ekstra deviškega oljčnega olja

1. V veliki težki ponvi zmešajte paradižnik, korenček, čebulo, zeleno, ščepec soli in baziliko. Lonec pokrijemo in na srednjem ognju kuhamo toliko časa, da zmes zavre. Odkrijte in kuhajte, občasno premešajte, 20 minut ali dokler se omaka ne zgosti.

2. Malo ohladimo. Omako precedite skozi mlinček za hrano ali pretlačite v pire v kuhinjskem robotu ali mešalniku. Nežno segrejte in okusite začimbe. Dodajte olje. Postrezite toplo. Pripravite ga lahko vnaprej in ga v tesno zaprti posodi shranite v hladilniku do 5 dni ali v zamrzovalniku do 2 meseca.

Paradižnikova omaka, na sicilijanski način

Sicilijanska Pomodoro omaka

Naredi približno 3 skodelice

Gledal sem Anno Tasco Lanza, ki vodi kuharsko šolo na družinskem vinskem posestvu Regaleali na Siciliji, kako pripravlja paradižnikovo omako na ta način. Vse gre v lonec, nato pa, ko dovolj dolgo vre, omako pretlačimo v mlinčku, da odstranimo semena paradižnika. Maslo in olivno olje, ki ju dodamo ob koncu kuhanja, obogatita in osladita omako. Postrezite s krompirjevimi njoki ali svežimi fettuccini.

3 kilograme zrelih paradižnikov

1 srednja čebula, narezana na tanke rezine

1 drobno sesekljan strok česna

2 žlici sesekljane sveže bazilike

Ščepec zdrobljene rdeče paprike

1 1/4 skodelice olivnega olja

1 žlica nesoljenega masla

1. Če paradižnike pasirate v mlinčku, jih po dolžini narežite na četrtine in pojdite na 2. korak. Če uporabljate kuhinjski robot ali mešalnik, paradižnike najprej olupite: zavrite srednje veliko ponev z vodo. Dodajte nekaj paradižnikov naenkrat in kuhajte 1 minuto. Z žlico z režami jih odstranite in položite v skledo s hladno vodo. Ponovite s preostalimi paradižniki. Paradižnike olupimo, jim odstranimo sredico in semena.

2. V velikem loncu zmešajte paradižnik, čebulo, česen, baziliko in zdrobljeno rdečo papriko. Pokrijte in zavrite. Dušite 20 minut ali dokler se čebula ne zmehča. Malo ohladimo.

3. Mešanico precedite skozi mlinček za hrano, če ga uporabljate, ali pretlačite v mešalniku ali predelovalcu hrane. Pire vrnite v lonec. Dodajte baziliko, rdečo papriko in sol po okusu.

4. Tik pred serviranjem omako pogrejte. Odstavite z ognja in dodajte olivno olje in maslo. Postrezite toplo. Pripravite ga lahko vnaprej in ga v tesno zaprti posodi shranite v hladilniku do 5 dni ali v zamrzovalniku do 2 meseca.

Paradižnikova omaka, toskansko

Pomodoro omaka v Toskani

Naredi 3 skodelice

Soffritto je mešanica sesekljane aromatične zelenjave, običajno čebule, korenja in zelene, kuhane na maslu ali olju, dokler se ne zmehča in rahlo porjavi. Je osnova za številne omake, juhe in enolončnice ter bistvena tehnika v italijanski kuhinji. Mnogi italijanski kuharji dajo vse sestavine za soffritto v hladno ponev in nato prižgejo ogenj. Tako se vse sestavine nežno kuhajo in nič ne porjavi ali se preveč razkuha. Pri alternativnem načinu, da olje najprej segrejemo in nato dodajamo sesekljane sestavine, obstaja nevarnost, da se olje pregreje. Zelenjava lahko porjavi, postane prekuhana in grenka. Ta toskanska paradižnikova omaka se začne s sofritom iz običajne zelenjave in česna, kuhanega na oljčnem olju.

4 žlice oljčnega olja

1 srednja čebula, drobno sesekljana

1 1/2 skodelice sesekljanega korenja

1 1/4 skodelice sesekljane zelene

1 majhen strok česna, sesekljan

3 funte svežih zrelih češpljevih paradižnikov, olupljenih, brez semen in drobno narezanih, ali 1 pločevinka (28 unč) uvoženih italijanskih olupljenih paradižnikov z njihovim sokom, skozi mlin za hrano

1 1/2 skodelice piščančje juhe

Ščepec zdrobljene rdeče paprike

Sol

2 ali 3 listi bazilike, sesekljani

1. Vlijte olje v srednje veliko ponev. Dodajte čebulo, korenje, zeleno in česen. Kuhajte na zmernem ognju, občasno premešajte, dokler zelenjava ni mehka in zlata, približno 15 minut.

2. Dodajte paradižnik, juho, rdečo papriko in sol po okusu. Zavremo. Ponev delno pokrijte in med občasnim mešanjem dušite, dokler se ne zgosti, približno 30 minut.

3. Dodajte baziliko. Postrezite toplo. Pripravite ga lahko vnaprej in ga v tesno zaprti posodi shranite v hladilniku do 5 dni ali v zamrzovalniku do 2 meseca.

Pizzaiola omaka

Pizzaiola omaka

Naredi približno 2 1⁄2 skodelice

Neapeljčani uporabljajo to okusno omako za pripravo majhnih zrezkov ali kotletov (glej<u>meso</u>), ali pa ga postrežejo čez špagete. Vendar se na splošno ne uporablja za pico, saj bi ekstremna vročina neapeljskih peči za pico na drva prekuhala že kuhano omako. Ime je dobila po paradižnikih, česnu in origanu, enakih sestavinah, ki jih pizzarji običajno uporabljajo za pripravo pice.

Česen zelo drobno sesekljajte, da v omaki ni velikih koščkov.

2 velika stroka česna, drobno sesekljana

1 1/4 skodelice olivnega olja

Ščepec zdrobljene rdeče paprike

1 pločevinka (28 unč) uvoženih olupljenih italijanskih paradižnikov s sokom, narezanih

1 čajna žlička posušenega origana, zdrobljenega

Sol

1. V veliki ponvi kuhajte česen na olju na srednjem ognju do zlate barve, približno 2 minuti. Dodamo mleto rdečo papriko.

2. Dodamo paradižnik, origano in sol po okusu. Omako zavremo. Kuhajte, občasno premešajte, 20 minut ali dokler omaka ni gosta. Postrezite toplo. Pripravite ga lahko vnaprej in ga v tesno zaprti posodi shranite v hladilniku do 5 dni ali v zamrzovalniku do 2 meseca.

"Lažna" mesna omaka

Sugo Finto

Naredi približno 6 skodelic

Sugo finto pomeni "lažna omaka", čudno ime za tako okusno in uporabno omako, ki se po besedah mojega prijatelja Larsa Leichta pogosto uporablja v osrednji Italiji. Ta recept prihaja od njene tete, ki živi zunaj Rima. Je tako polnega okusa, da bi se lahko zavedli, da je v njem nekaj mesa. Omaka je kot nalašč za tiste trenutke, ko želite nekaj bolj kompleksnega kot preprosto paradižnikovo omako, vendar ne želite dodati mesa. Ta recept naredi veliko, vendar ga lahko preprosto prepolovite, če želite.

1 1/4 skodelice olivnega olja

1 srednje velika rumena čebula, drobno sesekljana

2 majhna korenčka, olupljena in drobno narezana

2 stroka česna drobno sesekljana

4 listi sveže bazilike, sesekljani

1 manjša posušena čili paprika, zdrobljena ali ščepec zdrobljene rdeče paprike

1 skodelica suhega belega vina

2 pločevinki (28 do 35 unč vsaka) uvoženih italijanskih pelatov z njihovim sokom ali 6 funtov svežih slivovih paradižnikov, olupljenih, brez semen in narezanih

1. V veliki ponvi zmešajte olje, čebulo, korenje, česen, baziliko in čili. Kuhajte na zmernem ognju, občasno premešajte, dokler zelenjava ni mehka in zlata, približno 10 minut.

2. Prilijemo vino in pustimo vreti. Kuhajte 1 minuto.

3. Paradižnik prestavite skozi mlinček v lonec ali pretlačite v pire v mešalniku ali kuhinjskem robotu. Zavremo in zmanjšamo ogenj. Po okusu začinimo s soljo. Med občasnim mešanjem kuhajte 30 minut oziroma dokler se omaka ne zgosti. Postrezite toplo. Pripravite ga lahko vnaprej in ga v tesno zaprti posodi shranite v hladilniku do 5 dni ali v zamrzovalniku do 2 meseca.

Rožnata omaka

Pomodoro omaka alla Panna

Naredi približno 3 skodelice

Močna smetana zmehča to lepo rožnato omako. Postrezite z ravioli ali zelenimi njoki.

1 1/4 skodelice nesoljenega masla

1 1/4 skodelice sesekljane sveže šalotke

3 funte svežih paradižnikov, olupljenih, brez semen in narezanih, ali 1 pločevinka (28 unč) uvoženih italijanskih pelatov z njihovim sokom

Sol in sveže mlet črni poper

1 1/2 skodelice težke smetane

1. V veliki ponvi stopite maslo na srednje nizkem ognju. Dodajte šalotko in kuhajte do zlato rjave barve, približno 3 minute. Dodamo paradižnik, sol in poper ter med mešanjem kuhamo toliko časa, da omaka zavre. Če uporabljate paradižnik iz pločevinke, ga nasekljajte z žlico. Kuhajte, občasno

premešajte, dokler se omaka rahlo ne zgosti, približno 20 minut. Malo ohladimo.

2. Paradižnikovo zmes prepustite skozi mlinček za hrano. Omako vrnemo v lonec in segrevamo na srednji temperaturi. Dodajte smetano in kuhajte 1 minuto ali dokler se rahlo ne zgosti. Postrezite toplo.

Paradižnikova omaka s čebulo

Pomodoro omaka s Cipollo

Naredi 2 1/2 skodelice

Naravni sladkor iz čebule dopolnjuje sladkobo masla v tej omaki. Ta omaka je dobra tudi s šalotko namesto čebule.

3 žlice nesoljenega masla

1 žlica olivnega olja

1 majhna čebula, zelo drobno sesekljana

3 funte slivovih paradižnikov, olupljenih, brez semen in narezanih, ali 1 pločevinka (28 unč) uvoženih italijanskih olupljenih paradižnikov z njihovim sokom, ki so šli skozi mlin za hrano

Sol in sveže mlet črni poper po okusu.

1. V srednje težki kozici na zmernem ognju stopite maslo z oljem. Dodajte čebulo in kuhajte, enkrat ali dvakrat premešajte, dokler čebula ne postane mehka in zlata, približno 7 minut.

2. Dodamo paradižnik ter sol in poper. Omako zavrite in kuhajte 20 minut ali dokler se ne zgosti.

pečena paradižnikova omaka

Arrostito Pomodoro omaka

Zadostuje za 1 funt testenin

Tudi manj kot popolne sveže paradižnike lahko skuhate na ta način. Uporabite lahko samo eno sorto paradižnika ali več vrst. Še posebej lepa je kombinacija rdečega in rumenega paradižnika. Bazilika ali peteršilj sta očitna izbira za zelišča, vendar lahko uporabite tudi mešanico, ki vključuje drobnjak, rožmarin, meto ali karkoli že imate pri roki.

Rada spečem vnaprej, nato pa omako sobne temperature zmešam z vročimi testeninami, kot so peresniki ali fusilli. Moja prijateljica Suzie O'Rourke mi je povedala, da jo najraje postreže kot predjed, namazano na rezinah popečenega italijanskega kruha.

2 1/2 funta okroglih, slivovih, češnjevih ali grozdnih paradižnikov

4 stroki česna, drobno sesekljani

Sol

Ščepec zdrobljene rdeče paprike

1 1/2 skodelice olivnega olja

1 1/2 skodelice sesekljane bazilike, peteršilja ali drugih svežih zelišč

1. Na sredino pečice postavite rešetko. Pečico segrejte na 400 ° F. Namastite 13 × 9 × 2-palčni nereaktivni pekač.

2. Okrogle ali slive paradižnike grobo narežite na 1/2-palčne koščke. Češnjev ali grozdni paradižnik narežemo na polovice ali četrtine.

3. Paradižnik razporedite po pekaču. Potresemo s česnom, soljo in mleto rdečo papriko. Pokapljamo z oljem in nežno premešamo.

4. Pečemo 30 do 45 minut oziroma dokler paradižniki rahlo ne porjavijo. Odstranite paradižnik iz pečice in dodajte zelišča. Postrezite vroče ali pri sobni temperaturi.

Ragu v abruškem slogu

Ragù Abruzzese

Naredi približno 7 skodelic

Zelenjavo za ta ragu pustimo celo, nekaj mesa pa skuhamo na kosti. Ob koncu kuhanja odstranimo zelenjavo in ohlapne kosti. Običajno se meso odstrani iz omake in postreže kot drugo jed. To omako postrezite z debelimi oblikami testenin, kot so rigatoni.

3 žlice oljčnega olja

1 funt svinjske pleče z nekaj kostmi, narezan na 2-palčne kose

1 funt jagnječjega vratu ali plečeta s kostmi, narezanega na 2-palčne kose

1 funt goveje enolončnice brez kosti, narezan na 1-palčne kose

1 1/2 skodelice suhega rdečega vina

2 žlici paradižnikove paste

4 funte svežih paradižnikov, olupljenih, brez semen in narezanih, ali 2 pločevinki (28 unč) uvoženih italijanskih olupljenih paradižnikov z njihovim sokom, skozi mlin za hrano

2 skodelici vode

Sol in sveže mlet črni poper

1 srednja čebula

1 rezina zelene

1 srednji korenček

1. V velikem težkem loncu segrejte olje na zmernem ognju. Dodajte meso in ga med občasnim mešanjem kuhajte, dokler rahlo ne porjavi.

2. Prilijemo vino in kuhamo toliko časa, da večina tekočine izpari. Dodajte paradižnikovo pasto. Dodamo paradižnik, vodo ter sol in poper po okusu.

3. Dodamo zelenjavo in dušimo. Lonec pokrijte in med občasnim mešanjem kuhajte, dokler meso ni zelo mehko, približno 3 ure. Če se vam zdi omaka redka, jo odkrijte in kuhajte, dokler se nekoliko ne zreducira.

4. Naj se ohladi. Odstranite ohlapne kosti in zelenjavo.

5. Pred serviranjem ponovno pogrejte ali pokrijte in shranite v hladilniku do 3 dni ali v zamrzovalniku do 3 mesece.

Neapeljski ragu

Ragù alla Neapolitana

Naredi približno 8 skodelic

Ta sočni ragù, pripravljen iz različnih kosov govedine in svinjine, je tisto, kar mnogi Italijansko-Američani imenujejo "omaka", pripravljeno za nedeljsko kosilo ali večerjo. Idealen je za mešanje s testeninami večjih oblik, kot so školjke ali rigatoni, in za uporabo v pečenih testeninah, kot je npr.<u>Neapeljska lazanja</u>.

Polpete dodamo v omako proti koncu kuhanja, tako da jih lahko pripravimo, medtem ko omaka vre.

2 žlici olivnega olja

1 funt mesnate svinjske vratne kosti ali svinjska rebra

1 funt govejega mesa v enem kosu

1 funt svinjskih ali koromačevih klobas v italijanskem slogu

4 stroki česna, rahlo zdrobljeni

1 1/4 skodelice paradižnikove paste

3 pločevinke (28 do 35 unč) uvoženih italijanskih pelatov

Sol in sveže mlet črni poper po okusu.

6 listov sveže bazilike, narezanih na majhne koščke

1 receptNeapeljske mesne kroglice, največja velikost

2 skodelici vode

1. V velikem težkem loncu segrejte olje na zmernem ognju. Svinjino osušite in dajte kose v lonec. Kuhajte, občasno obrnite, približno 15 minut ali dokler lepo ne porjavi z vseh strani. Odstranite svinjino na krožnik. Na enak način prepražimo meso in ga vzamemo iz lonca.

2. Klobase položimo v lonec in jih zapečemo z vseh strani. Klobase odstavimo k drugemu mesu.

3. Večino maščobe odcedimo. Dodajte česen in kuhajte 2 minuti ali dokler ne zlato porumeni. Česen zavrzite. Dodajte paradižnikovo pasto; kuhamo 1 minuto.

4. Z mlinčkom za hrano pretlačite paradižnike in njihov sok v lonec. Za gostejšo omako pa paradižnik preprosto nasekljajte. Dodajte 2 skodelici vode ter sol in poper. Dodajte svinjino,

govedino, klobase in baziliko. Omako zavremo. Lonec delno pokrijemo in na šibkem ognju ob občasnem mešanju kuhamo 2 uri. Če postane omaka pregosta, dodamo še malo vode.

5. Medtem pripravite mesne kroglice. Ko je omaka skoraj pripravljena, v omako dodamo mesne kroglice. Kuhajte 30 minut ali dokler se omaka ne zgosti in meso zelo mehko. Meso odstranite iz omake in postrezite kot drugo jed ali samostojen obrok. Omako postrezite vročo. Pokrijte in shranite v nepredušni posodi v hladilniku do 3 dni ali v zamrzovalniku do 2 meseca.

klobasa ragu

Ragù di Salsiccia

Naredi 4 1/2 skodelice

Majhni koščki svinjske klobase v italijanskem slogu okrasijo to južnoitalijansko omako. Če imate radi pekoče, uporabite pekoče klobase. Postrezite to omako <u>Krompirjeve tortelije</u> ali krhke testenine, kot so školjke ali rigatoni.

1 funt navadnih italijanskih svinjskih klobas

2 žlici olivnega olja

2 stroka česna drobno sesekljana

1 1/2 skodelice suhega belega vina

3 funte svežih slivovih paradižnikov, olupljenih, brez semen in narezanih, ali 1 pločevinka (28 unč) uvoženih italijanskih olupljenih paradižnikov z njihovim sokom, ki so šli skozi mlin za hrano

Sol in sveže mlet črni poper

3 do 4 liste sveže bazilike, narezane na koščke

1. Odstranite klobaso iz črevesja. Meso drobno sesekljajte.

2. V velikem loncu segrejte olje na zmernem ognju. Dodajte chorizo meso in česen. Med pogostim mešanjem kuhajte, dokler svinjina rahlo ne porjavi, približno 10 minut. Prilijemo vino in pustimo vreti. Kuhamo toliko časa, da večina vina izhlapi.

3. Dodajte paradižnik in sol po okusu. Zavremo. Zmanjšajte toploto na minimum. Kuhajte, občasno premešajte, dokler se omaka ne zgosti, približno 1 uro in 30 minut. Baziliko dodajte tik pred serviranjem. Postrezite toplo. Pripravite ga lahko vnaprej in ga v tesno zaprti posodi shranite v hladilniku do 3 dni ali v zamrzovalniku do 2 meseca.

Ragú v slogu maršev

Ragù di Carne alla Marchigiana

Naredi približno 5 skodelic

Mesto Campofilone v osrednji Italiji Marche gosti vsakoletni festival testenin, ki pritegne obiskovalce od vsepovsod. Vrhunec banketa so maccheroncini, ročno valjane jajčne testenine, postrežene s to okusno mesno omako. Mešanica zelišč in ščepec nageljnovih žbic daje temu raguju poseben okus. Malo mleka, dodanega ob koncu časa kuhanja, daje gladek zaključek. Če pripravljate to omako vnaprej, dodajte mleko tik pred serviranjem. Postrezite s fetučini.

1 doma narejena skodelicaMesna juhaali govejo juho iz trgovine

1 1/4 skodelice olivnega olja

1 majhna čebula drobno sesekljana

1 rebro zelene, sesekljano

1 sesekljan korenček

1 žlica sesekljanega svežega peteršilja

2 žlički sesekljanega svežega rožmarina

1 čajna žlička sesekljanega svežega timijana

1 lovorjev list

1 funt govejega rebra brez kosti, narezan na 2-palčne kose

1 pločevinka (28 unč) uvoženih italijanskih pelatov, odcejenih in danih skozi mlin za hrano

Ščepec mletih nageljnovih žbic

Sol in sveže mlet črni poper

1 1/2 skodelice mleka

1. Po potrebi pripravite juho. V veliko ponev vlijemo olje. Dodajte zelenjavo in zelišča ter na zmernem ognju med občasnim mešanjem kuhajte 15 minut ali dokler zelenjava ni mehka in zlato rjava.

2. Dodamo meso in med pogostim mešanjem kuhamo toliko časa, da meso porjavi. Potresemo s soljo in poprom. Dodajte paradižnikovo mezgo, juho in nageljnove žbice. Zavremo.

Ponev delno pokrijte in kuhajte, občasno premešajte, dokler se meso ne zmehča in omaka ne postane gosta, približno 2 uri.

3. Meso odstranimo, ga odcedimo in drobno nasekljamo. Mleto meso vmešamo nazaj v omako.

4. Dodajte mleko in segrevajte 5 minut pred serviranjem. Postrezite toplo. Pripravite ga lahko vnaprej in shranite v nepredušni posodi v hladilniku do 3 dni ali v zamrzovalniku do 2 meseca.

Toskanska mesna omaka

Ragù v Toskani

Naredi 8 skodelic

Začimbe in limonina lupina dajejo temu govejem in svinjskem raguju sladek okus. Postrezite z pici.

4 žlice nesoljenega masla

1 1/4 skodelice olivnega olja

4 unče uvoženega italijanskega pršuta, sesekljanega

2 srednje velika korenčka

2 srednji rdeči čebuli

1 veliko rebro zelene, sesekljane

1 1/4 skodelice sesekljanega svežega peteršilja

1 funt govejega rebra brez kosti, narezan na 2-palčne kose

8 unč sladke italijanske klobase ali mlete svinjine

2 funta svežih paradižnikov ali 1 pločevinka (28 unč) uvoženih olupljenih italijanskih paradižnikov, sesekljanih

2 doma narejeni skodeliciMesna juhaali govejo juho iz trgovine

1 1/2 skodelice suhega rdečega vina

1 1/2 čajne žličke limonine lupinice

ščepec cimeta

Ščepec muškatnega oreščka

Sol in sveže mlet črni poper po okusu.

1. V večji kozici na zmernem ognju stopite maslo z olivnim oljem. Dodamo pršut in narezano zelenjavo ter ob pogostem mešanju kuhamo 15 minut.

2. Dodajte meso in med pogostim mešanjem kuhajte, dokler ne porjavi, približno 20 minut.

3. Dodajte paradižnik, juho, vino, limonino lupinico, cimet, muškatni oreček ter sol in poper po okusu. Mešanico zavremo. Kuhajte, občasno premešajte, dokler se omaka ne zgosti, približno 2 uri.

4. Kose mesa odstranite iz lonca. Položimo jih na desko za rezanje in narežemo na majhne koščke. V omako dodamo mleto meso. Postrezite toplo. Pripravite ga lahko vnaprej in shranite v nepredušni posodi v hladilniku do 3 dni ali v zamrzovalniku do 2 meseca.

Ragú a la Bologna

Bolonjski ragu

Naredi približno 5 skodelic

V Tamburiniju, najboljši trgovini z gurmansko hrano in hrano za s seboj v Bologni, lahko kupite številne vrste svežih jajčnih testenin. Najbolj znani so tortelini, za nikelj veliki kolobarji testenin, polnjeni z mortadelo, fino začinjena svinjska klobasa. Torteline postrežemo v brodo, "juho", alla panna, v gosti smetanovi omaki ali še najbolje al ragù, z bogato mesno omako. Dolgo, počasno kuhanje soffritta (aromatična zelenjava in panceta) daje bolonjskemu raguju bogat in globok okus.

2 doma narejeni skodeliciMesna juhaali govejo juho iz trgovine

2 žlici nesoljenega masla

2 žlici olivnega olja

2 unči drobno sesekljane slanine

2 majhna korenčka, olupljena in drobno narezana

1 drobno sesekljana čebula

1 rebro mlade zelene, drobno sesekljane

8 unč mlete govedine

8 unč mlete svinjine

8 unč mlete govedine

1 1/2 skodelice suhega rdečega vina

3 žlice paradižnikove paste

1/4 žličke naribanega muškatnega oreščka

Sol in sveže mlet črni poper

1 skodelica mleka

1. Po potrebi pripravite juho. V velikem loncu na srednje nizki temperaturi stopite maslo z oljem. Dodamo panceto, korenje, čebulo in zeleno. Mešanico kuhajte na majhnem ognju in občasno premešajte, dokler vse arome niso zelo mehke in temno zlate barve, približno 30 minut. Če začnejo sestavine preveč rjaveti, dodamo malo tople vode.

2. Dodajte meso in dobro premešajte. Kuhajte in pogosto mešajte, da razbijete grudice, dokler meso ni več rožnato, vendar ne porjavi, približno 15 minut.

3. Prilijemo vino in dušimo, dokler tekočina ne izhlapi, približno 2 minuti. Dodamo paradižnikovo pasto, juho, muškatni oršček ter dodamo sol in poper po okusu. Mešanico zavremo. Med občasnim mešanjem kuhajte, dokler omaka ni gosta, približno 21/2 do 3 ure. Če omaka postane pregosta, dodamo še malo vode ali juhe.

4. Dodamo mleko in kuhamo še 15 minut. Postrezite toplo. Pripravite ga lahko vnaprej in shranite v predušni posodi v hladilniku do 3 dni ali v zamrzovalniku do 2 meseca.

Račji ragu

Ragù di Anatra

Naredi približno 5 skodelic

V lagunah in močvirjih Veneta uspevajo divje race, lokalni kuharji pa z njimi pripravljajo čudovite jedi. Pečejo se, dušijo ali pripravijo tako, v raguju. Bogato, živahno omako jedo z bigoli, debelimi polnozrnatimi špageti, pripravljenimi s torchio, ročno stiskalnico za testenine. Sveže domače race so dober nadomestek, čeprav niso tako okusne kot divje race. Kot drugo jed postrežem omako s fetučini in koščke race.

Prosite mesarja, da raco razreže na četrtine, ali pa to storite sami s škarjami za perutnino ali velikim kuharskim nožem. Če ga raje ne uporabljate, preprosto izpustite jetra.

1 račka (približno 5 1/2 funta)

2 žlici olivnega olja

Sol in sveže mlet črni poper po okusu.

2 unči sesekljane slanine

2 srednji čebuli, sesekljani

2 srednje velika korenčka, sesekljana

2 rebri zelene, sesekljane

6 svežih listov žajblja

Ščepec sveže naribanega muškatnega oreščka

1 skodelica suhega belega vina

2 1/2 skodelice svežih paradižnikov, olupljenih, brez semen in narezanih

1. Raco sperite znotraj in zunaj ter odstranite vso ohlapno maščobo iz votline. S škarjami za perutnino raco razrežite na 8 kosov. Raco najprej prerežemo po hrbtenici. Odprite raco kot knjigo. Z debelim nožem raco po dolžini prerežite na pol med obema stranema prsi. Odrežite stegno s prsi. Stegno in stegno ločite v sklepu. Ločite krilo in oprsje na spoju. Če uporabljate jetra, jih narežite na kocke in odstavite.

2. V veliki težki ponvi segrejte olje na srednji vročini. Kose race osušite s papirnatimi brisačami. Dodajte koščke race in jih med občasnim mešanjem kuhajte, dokler ne porjavijo z vseh

strani. Potresemo s soljo in poprom. Raco položite na krožnik. Posnemite vse maščobe razen 2 žlic.

3. V ponev dodajte panceto, čebulo, korenje, zeleno in žajbelj. Med občasnim mešanjem kuhajte 10 minut, dokler zelenjava ni mehka in zlato rjava. Prilijemo vino in dušimo 1 minuto.

4. Raco vrnemo v lonec in dodamo paradižnik ter vodo. Tekočino zavremo. Lonec delno pokrijte in med občasnim mešanjem kuhajte 2 uri oziroma dokler raca ni zelo mehka, ko jo prebodete z vilicami. Dodajte rača jetra, če jih uporabljate. Ponev odstavimo z ognja. Pustimo, da se nekoliko ohladi, nato pa s površine posnamemo maščobo. Kose mesa poberemo iz omake z žlico z režami in preložimo na krožnik. Pokrijte, da ostane toplo.

5. Omako postrezite z vročimi kuhanimi fettuccini, nato pa kot drugo jed račje meso. Celotno jed lahko skuhate do 2 dni vnaprej, shranite v nepredušni posodi in ohladite.

Zajčji ali piščančji ragu

Ragù di Coniglio ali piščanec

Naredi 3 skodelice

Za velikonočno večerjo je bilo v naši hiši tradicionalno, da začnemo s testeninami v zajčjem ragùju. Za tiste v družini, ki neradi jedo zajca, je mama naredila isto omako s piščancem. Glede na mehkobo zajčjega mesa se mi je vedno zdel piščančji ragu veliko bolj okusen. Naj vam mesar razreže zajca ali piščanca.

1 majhen zajec ali piščanec, razrezan na 8 kosov

2 žlici olivnega olja

1 pločevinka (28 unč) uvoženih olupljenih italijanskih paradižnikov s sokom, narezanih

1 srednja čebula, drobno sesekljana

1 srednje velik korenček, drobno narezan

1 drobno sesekljan strok česna

1 1/2 skodelice suhega belega vina

1 čajna žlička sesekljanega svežega rožmarina

Sol in sveže mlet črni poper

1. V večji ponvi na srednjem ognju segrejte olje. Kose zajca ali piščanca osušite in potresite s soljo in poprom. Položimo jih v ponev in dobro zapečemo z vseh strani, približno 20 minut.

2. Odstranite koščke na krožnik. Vse razen dveh žlic odlijemo z maščobo iz ponve.

3. V ponev dodamo čebulo, korenček, česen in rožmarin. Med pogostim mešanjem kuhajte, dokler se zelenjava ne zmehča in rahlo porjavi. Prilijemo vino in dušimo 1 minuto. Paradižnike in njihov sok pretlačimo skozi mlinček za hrano ali jih pretlačimo v mešalniku ali kuhinjskem robotu in jih dodamo v lonec. Solimo in popramo po okusu. Zmanjšajte toploto na nizko in ponev delno pokrijte. Med občasnim mešanjem dušimo 15 minut.

4. Vrnite meso v ponev. Med občasnim mešanjem kuhajte 20 minut, dokler meso ni mehko in zlahka pade ali se loči od

kosti. Kose mesa poberemo iz omake z žlico z režami in preložimo na krožnik. Pokrijte, da ostane toplo.

5. Omako postrezite na vročih, kuhanih fetučinih, nato pa zajca ali piščanca kot drugo jed. Pripravite ga lahko vnaprej in shranite v nepredušni posodi v hladilniku do 3 dni ali v zamrzovalniku do 2 meseca.

Jurčki in mesni ragu

Ragu iz gob in mesa

Naredi približno 6 skodelic

Čeprav je bilo veliko napisanega o velikih belih tartufih v Piemontu, so jurčki, ki jih Francozi imenujejo cèpes, velik zaklad regije. Debele rjave vrhove jurčkov po dežju podpirajo kratka kremasto bela stebla, kar jim daje debel videz. Njegovo ime pomeni prašiči. Gobe, pečene na žaru ali z oljčnim oljem in zelišči, imajo sladek in oreščkov okus. Ker so sveži jurčki na voljo le spomladi in jeseni, se kuharji v tej regiji preostanek leta zanašajo na posušene jurčke, ki dajejo omakam in enolončnicam bogat, lesnat okus.

Posušeni jurčki se običajno prodajajo v prozorni plastični ali celofanski embalaži. Na dnu vrečke poiščite velike cele rezine z minimalnimi drobtinami in ostanki. Datum "izteka" mora biti v enem letu. Okus zbledi, ko se gobe starajo. Posušene jurčke hranimo v tesno zaprti posodi.

1 1/2 skodelice domačeMesna juha<u>h</u>ali govejo juho iz trgovine

1 unča posušenih jurčkov

2 skodelici tople vode

2 žlici olivnega olja

2 unči sesekljane slanine

1 sesekljan korenček

1 srednja sesekljana čebula

1 rebro zelene, sesekljano

1 strok česna, zelo drobno sesekljan

1 1/2 funta mlete govedine

1 1/2 skodelice suhega belega vina

Sol in sveže mlet črni poper

1 skodelica svežih ali konzerviranih uvoženih italijanskih paradižnikov, narezanih

1/4 čajne žličke sveže naribanega muškatnega oreščka

1. Po potrebi pripravite juho. V srednje veliki skledi gobe za 30 minut namočite v vodo. Odstranite gobe iz tekočine za

namakanje. Precedite tekočino skozi papirnati filter za kavo ali kos navlažene gaze v čisto posodo in odstavite. Gobe splaknemo pod tekočo vodo, posebno pozornost pa posvetimo podlagi, kjer se nabira umazanija. Gobe drobno sesekljajte.

2. V veliko ponev vlijemo olje. Dodamo slanino in kuhamo na srednjem ognju približno 5 minut. Dodajte korenček, čebulo, zeleno in česen ter med pogostim mešanjem kuhajte še približno 10 minut, dokler ne postanejo mehki in zlati. Dodajte goveje meso in kuhajte, dokler rahlo ne porjavi, ob pogostem mešanju, da razbijete grudice. Dodamo vino in kuhamo 1 minuto. Po okusu začinimo s soljo in poprom.

3. Dodajte paradižnik, gobe, muškatni oršček in rezervirano tekočino iz gob. Zavremo. Kuhajte 1 uro ali dokler se omaka ne zgosti. Postrezite toplo. Pripravite ga lahko vnaprej in shranite v nepredušni posodi v hladilniku do 3 dni ali v zamrzovalniku do 2 meseca.

Svinjski ragu s svežimi zelišči

Ragù di Maiale

Naredi 6 skodelic

V hiši Natale Liberale v Pugliji sva z možem jedla ta mleti svinjski ragu v trocoliju, sveže kvadratno narezane špagete, podobne abruškim testeninam alla chitarra. Naredila jo je njena mama Enza, ki mi je pokazala, kako z lesenim valjarjem s posebnimi robovi reže liste domačih jajčnih testenin. Ragu je dober tudi z orecchiette ali svežimi fettuccini.

Zaradi raznolikosti zelišč je Enzin ragù prepoznaven. Med kuhanjem poglobijo okus omake. Sveža zelišča so idealna, lahko pa jih nadomestimo z zamrznjenimi ali posušenimi, čeprav se izogibam posušene bazilike, ki je neprijetna. Nadomestite svež peteršilj, če bazilika ni na voljo.

4 žlice oljčnega olja

1 srednja čebula, drobno sesekljana

1 1/2 skodelice sesekljane sveže bazilike ali ploščatega peteršilja

1/4 skodelice sesekljanih listov sveže mete ali 1 čajna žlička posušenih

1 žlica sesekljanega svežega žajblja ali 1 žlička posušenega

1 čajna žlička sesekljanega svežega rožmarina ali 1/2 čajne žličke posušenega

1 1/2 čajne žličke semen koromača

1 funt mlete svinjine

Sol in sveže mlet črni poper

1 1/2 skodelice suhega rdečega vina

1 pločevinka (28 unč) uvoženih olupljenih italijanskih paradižnikov s sokom, narezanih

1. V večjo ponev dajte olje, čebulo, vsa zelišča in semena koromača ter segrejte na srednjo temperaturo. Med občasnim mešanjem kuhajte, dokler čebula ni mehka in zlato rjava, približno 10 minut.

2. Dodajte svinjino, nato sol in poper po okusu. Kuhajte in pogosto mešajte, da razbijete grudice, dokler svinjina ni več

rožnata, približno 10 minut. Prilijemo vino in pustimo vreti 5 minut. Dodamo paradižnik in kuhamo 1 uro oziroma dokler se omaka ne zgosti. Postrezite toplo. Pripravite ga lahko vnaprej in shranite v nepredušni posodi v hladilniku do 3 dni ali v zamrzovalniku do 2 meseca.

Ragu s tartufi

Ragù Tartufato

Naredi 5 skodelic

V Umbriji ragùju ob koncu kuhanja dodajo lokalno pridelane črne tartufe. Omaki dajo poseben lesni okus.

Tartuf lahko izpustite ali uporabite tartuf v kozarcu, ki je na voljo v specializiranih trgovinah. Druga možnost je, da uporabite malo olja iz tartufov. Uporabite le majhno količino, saj je lahko okus premočan. To omako postrezite s svežimi fetučini. Omaka je tako bogata, da nariban sir ni potreben.

1 unča posušenih jurčkov

2 skodelici tople vode

2 žlici nesoljenega masla

8 unč mlete svinjine

8 unč mlete govedine

2 unči narezane pancete, drobno sesekljane

1 rebro zelene, prerezano na pol

1 srednje velik korenček, prerezan na pol

1 majhna čebula, olupljena, vendar cela

2 srednje velika sveža paradižnika, olupljena, brez semen in narezana, ali 1 skodelica uvoženih italijanskih konzerviranih paradižnikov, odcejenih in narezanih

1 žlica paradižnikove paste

$1 1/4$ skodelice težke smetane

1 majhen črni tartuf, svež ali v kozarcu, narezan na tanke rezine, ali nekaj kapljic olja iz tartufov

Ščepec sveže naribanega muškatnega oreščka

1. Jurčke damo v posodo z vodo. Pustite namakati 30 minut. Odstranite gobe iz tekočine. Precedite tekočino skozi filter za kavo ali navlaženo gazo v čisto posodo in odstavite. Gobe dobro operemo s hladno vodo, pri čemer posebno pozornost posvetimo dnu pecljev, kjer se nabira zemlja. Gobe drobno sesekljajte.

2. V večji kozici na srednjem ognju stopite maslo. Dodajte meso in med mešanjem kuhajte, da razbijete grudice, dokler meso ni več rožnato, vendar ne porjavi. Ostati mora mehka.

3. Prilijemo vino in dušimo 1 minuto. Dodajte zeleno, korenje, čebulo in gobe ter 1 skodelico njihove tekočine, paradižnik in paradižnikovo mezgo ter dobro premešajte. Pustimo kuhati na zelo majhnem ognju 1 uro. Če omaka postane presuha, dodajte malo gobove tekočine.

4. Ko se ragu kuha 1 uro, odstranite zeleno, korenček in čebulo. Omako lahko do te točke pripravimo vnaprej. Pustite, da se ohladi, nato shranite v nepredušni posodi in v hladilniku do 3 dni ali v zamrzovalniku do 2 meseca. Pred nadaljevanjem ponovno segrejte omako.

5. Tik pred serviranjem pekoči omaki dodamo smetano, tartufe in muškatni oreščěk. Nežno premešajte, vendar ne kuhajte, da ohranite okus tartufa. Postrezite toplo.

Omaka iz masla in žajblja

Omaka iz osla in žajblja

Naredi 1/2 skodelice

To je tako osnovno, da sem okleval, ali bi ga vključil, vendar je to klasična omaka za sveže jajčne testenine, še posebej za polnjene testenine, kot so ravioli. Uporabite sveže maslo in končano jed potresite s sveže naribanim sirom Parmigiano-Reggiano.

1 palčka nesoljenega masla

6 listov žajblja

Sol in sveže mlet črni poper

Parmigiano Reggiano

> Na šibkem ognju stopimo maslo z žajbljem. Dušimo 1 minuto. Po okusu začinimo s soljo in poprom. Postrezite z vročimi kuhanimi testeninami in prelijte s sirom Parmigiano-Reggiano.

Različica: Zapečena maslena omaka: maslo kuhajte nekaj minut, da rahlo porjavi. Izpustite žajbelj. Lešnikova omaka: maslu dodajte 1/4 skodelice sesekljanih praženih lešnikov. Izpustite žajbelj.

sveto olje

Olio Santo

Naredi 1 skodelico

Italijani v Toskani, Abrucih in drugih regijah osrednje Italije imenujejo to olje sveto, ker se uporablja za "mazanje" številnih juh in testenin, tako kot se blagoslovljeno olje uporablja pri nekaterih zakramentih. To olje nakapajte v juhe ali vmešajte v testenine. Bodite previdni, vroče je!

Uporabite lahko posušeno čili papriko, ki jo najdete v vašem supermarketu. Če ste na italijanskem trgu, poiščite feferoni ali "feferone", ki jih prodajajo v paketih.

1 žlica zdrobljenega posušenega čilija ali zdrobljene rdeče paprike

1 skodelica ekstra deviškega oljčnega olja

V majhni steklenici zmešajte papriko in olje. Pokrijte in dobro pretresite. Pred uporabo pustite stati 1 teden. Shranjujte na hladnem in temnem mestu do 3 mesece.

Fontina sirna omaka

Fonduta

Naredi 1¾ skodelic

V lokalu Locanda di Felicin v kraju Monforte d'Alba v Piemontu lastnik Giorgio Rocca streže to bogato, okusno omako v plitvih krožnikih, obloženo z naribanimi tartufi kot predjedjo ali poleg zelenjave, kot sta brokoli ali šparglji. Poskusi<u>Krompirjevi njoki</u>, tudi.

2 velika rumenjaka

1 skodelica težke smetane

1 1/2 funta Fontina Valle d'Aosta, narezana na 1/2-palčne kocke

V manjši kozici penasto umešamo rumenjake in smetano. Dodamo sir in med stalnim mešanjem kuhamo na zmernem ognju, dokler se sir ne stopi in omaka postane gladka, približno 2 minuti. Postrezite toplo.

Bešamel omaka

Balsamella omaka

Naredi približno 4 skodelice

To osnovno belo omako običajno kombiniramo s sirom in uporabimo na testeninah ali pečeni zelenjavi. Recept lahko enostavno prepolovimo.

1 liter mleka

6 žlic nesoljenega masla

5 žlic moke

Sol in sveže mlet črni poper po okusu.

Ščepec sveže naribanega muškatnega oreščka

1. V srednje veliki ponvi segrejte mleko, dokler se ob robu ne oblikujejo majhni mehurčki.

2. V veliki ponvi na srednje nizkem ognju stopite maslo. Dodamo moko in dobro premešamo. Kuhajte 2 minuti.

3. Začnite počasi dodajati mleko v tankem curku in mešajte z metlico. Sprva bo omaka postala gosta in grudasta, vendar se bo postopoma zrahljala in postala gladka, ko dodate preostanek.

4. Ko prilijete vse mleko, dodajte sol, poper in muškatni oreešek. Povečajte ogenj na srednjo temperaturo in nenehno mešajte, dokler mešanica ne zavre. Kuhajte še 2 minuti. Odstranite z ognja. To omako lahko pripravite do 2 dni pred uporabo. Nalijte ga v posodo, položite kos plastične folije neposredno na površino in jo tesno zaprite, da preprečite nastanek kožice, nato ohladite. Pred uporabo ponovno segrejte na majhnem ognju in dodajte še malo mleka, če je pregosto.

Česnova omaka

Agliata

Naredi 1 1/2 skodelice

Česnovo omako lahko postrežemo k kuhanemu ali pečenemu mesu, piščancu ali ribam. Za hiter obrok sem ga celo zmešala z vročimi kuhanimi testeninami. Ta različica je iz Piemonta, čeprav sem na Siciliji jedel tudi agliato brez oreščkov. Všeč mi je okus, ki mu ga dajo praženi oreščki.

2 stroka česna

2 ali 3 rezine italijanskega kruha, odstranjene skorjice

1 1/2 skodelice praženih orehov

1 skodelica ekstra deviškega oljčnega olja

Sol in sveže mlet črni poper

1. V kuhinjskem robotu ali mešalniku zmešajte česen, kruh, orehe ter sol in poper po okusu. Procesirajte, dokler ni drobno sesekljan.

2. Ko stroj deluje, postopoma vmešajte olje. Procesirajte, dokler omaka ni gosta in gladka.

3. Pustite stati na sobni temperaturi 1 uro pred serviranjem.

Zelena omaka

Zelena omaka

Naredi 1 1/2 skodelice

Čeprav sem salso verde jedel v takšni ali drugačni obliki po vsej Italiji, je ta različica moja najljubša, saj ji kruh daje kremasto strukturo in pomaga, da peteršilj ostane suspendiran v tekočini. V nasprotnem primeru peteršilj in druge trdne snovi rade potonijo na dno. Zeleno omako postrezite h klasični jedi iz kuhanega mesa Bollito Misto (<u>Mešano kuhano meso</u>), z žaru ali pečeno ribo, ali z narezanimi paradižniki, trdo kuhanimi jajci ali dušeno zelenjavo. Možnosti so neskončne.

3 skodelice ohlapno pakiranega svežega ploščatega peteršilja

1 strok česna

1/4 skodelice italijanskega ali francoskega kruha brez skorje, narezanega na kocke

6 filejev inčunov

3 žlice odcejenih kaper

1 skodelica ekstra deviškega oljčnega olja

2 žlici rdečega ali belega vinskega kisa

Sol

1. V sekljalniku drobno sesekljamo peteršilj in česen. Dodamo kruhove kocke, inčune in kapre ter jih obdelamo, dokler niso drobno sesekljane.

2. Pri delujočem stroju dodajte olje in kis ter ščepec soli. Ko zmešate, poskusite začimbe; po potrebi prilagodite. Pokrijte in hranite pri sobni temperaturi do dve uri ali v hladilniku za daljše shranjevanje.

Sicilijanska omaka iz česna in kaper

Ammoghiu

Naredi približno 2 skodelici

Otok Pantelleria ob obali Sicilije je znan tako po aromatičnem desertnem vinu Moscato di Pantelleria kot po odličnih kapreh. Kapre uspevajo in divje rastejo po vsem otoku. Spomladi so rastline prekrite s čudovitimi rožnatimi in belimi cvetovi. Neodprti cvetni popki so kapre, ki jih naberejo in konzervirajo v grobi morski soli, še eni lokalni specialiteti. Sicilijanci verjamejo, da sol bolje ohrani svež okus kaper kot kis.

Ta surova omaka iz kaper, paradižnika in veliko česna je sicilijanska najljubša za ribe ali testenine. Eden od načinov postrežbe je s hrustljavo ocvrtimi ribami ali kalamari.

8 strokov česna, olupljenih

1 skodelica listov bazilike, opranih in posušenih

$1 1/2$ skodelice svežih listov peteršilja

nekaj listov zelene

6 svežih hruškastih paradižnikov, olupljenih in brez semen

2 žlici kaper, oplaknjenih in odcejenih

1 1/2 skodelice ekstra deviškega oljčnega olja

Sol in sveže mlet črni poper

1. V sekljalniku drobno sesekljamo česen, baziliko, peteršilj in liste zelene. Dodamo paradižnike in kapre ter mešamo do gladkega.

2. Ko stroj deluje, postopoma dodajajte olivno olje ter sol in poper po okusu. Procesirajte, dokler ni gladka in dobro premešana. Pred serviranjem naj počiva 1 uro. Postrezite pri sobni temperaturi.

Peteršilj in jajčna omaka

Prezzemolo in Uova omaka

Naredi 2 skodelici

V Trentinu – Alto Adige to omako postrežejo s svežimi spomladanskimi šparglji. Trdo kuhana jajca mu dajo bogat okus in kremasto strukturo. Odlično se poda k poširanemu piščancu, lososu ali zelenjavi, kot sta stročji fižol in šparglji.

4 velika jajca

1 skodelica svežega ploščatega peteršilja, rahlo pakiranega

2 žlici kaper oplaknite, odcedite in nasekljajte

1 strok česna

1 čajna žlička limonine lupinice

1 skodelica ekstra deviškega oljčnega olja

1 žlica svežega limoninega soka

Sol in sveže mlet črni poper

1. Jajca dajte v majhno ponev s hladno vodo, da jih pokrijete. Vodo zavremo. Kuhajte 12 minut. Pustite, da se jajca ohladijo pod hladno tekočo vodo. Odcedimo in olupimo. Jajca sesekljajte in jih položite v skledo.

2. V sekljalniku ali ročno zelo drobno sesekljamo peteršilj, kapre in česen. Prestavimo jih v skledo z jajci.

3. Dodajte limonino lupinico. Z metlico dodamo olje, limonin sok ter sol in poper po okusu. Nalijte v čoln za omako. Pokrijte in ohladite 1 uro ali čez noč.

4. Omako vzamemo iz hladilnika vsaj 1/2 ure pred serviranjem. Dobro premešajte in začinite po okusu.

Različica: Dodajte 1 žlico sesekljane sveže kapesate.

Rdeča paprika in paradižnikova omaka

Bagnetto Rosso

Naredi približno 2 pinta

V Piemontu v severni Italiji to omako pripravljajo v velikih serijah v poletnih mesecih, ko je zelenjave v izobilju. Ime pomeni "rdeča kopel", saj se omaka uporablja za kuhano meso ali s piščancem, testeninami, tortiljami ali surovo zelenjavo.

4 velike rdeče paprike, sesekljane

1 skodelica svežih paradižnikov, olupljenih, brez semen in narezanih

1 srednja sesekljana čebula

2 žlici olivnega olja

1 žlica vinskega kisa

1 čajna žlička sladkorja

Ščepec zdrobljene rdeče paprike

Ščepec mletega cimeta

1. V velikem loncu zmešajte vse sestavine. Lonec pokrijemo in kuhamo na majhnem ognju. Zavremo. (Pazite, da se ne zažge. Če je premalo tekočine, dodajte malo vode.) Med občasnim mešanjem kuhajte 1 uro, dokler paprika ni zelo mehka.

2. Malo ohladimo. Sestavine precedite skozi mlinček za hrano ali predelajte v mešalniku ali predelovalcu hrane do gladkega. Okusite za začimbo. Prenesite omako v tesno zaprte posode in hranite v hladilniku do 1 tedna ali zamrznite do tri mesece. Postrezite pri sobni temperaturi.

olivno omako

oljčna omaka

Naredi približno 1 skodelico

Priročno je imeti pri roki oljčno pasto v kozarcih za hiter preliv za crostinije ali to preprosto omako za meso na žaru. Lahko jih nadomestimo z drobno sesekljanimi olivami. To je čudovito na pečenem govejem fileju ali kot omaka za kruh ali focaccio.

1 1/2 skodelice črne oljčne paste

1 strok česna, olupljen in sploščen z nožem

1 žlica svežega rožmarina, narezanega na trakove

1 1/2 skodelice ekstra deviškega oljčnega olja

1 do 2 žlici balzamičnega kisa

V srednje veliki skledi zmešajte olivno pasto, česen, rožmarin, olje in kis. Če je omaka pregosta, jo razredčimo še z malo olja. Pustite stati na sobni temperaturi vsaj 1 uro. Pred serviranjem odstranite česen.

Na soncu sušena paradižnikova omaka

Pomodori Secchi omaka

Naredi približno 3/4 skodelice

S to omako pokapljajte hladne zrezke, govejo ali svinjsko pečenko ali, za predpasto, hlod mehkega kozjega sira.

1 1/2 skodelice na soncu posušenih paradižnikov, mariniranih in odcejenih, drobno narezanih

2 žlici sesekljanega svežega peteršilja

1 žlica sesekljanih kaper

1 1/2 skodelice ekstra deviškega oljčnega olja

1 žlica balzamičnega kisa

Sveže mleti črni poper

V srednje veliki skledi zmešajte vse sestavine. Pred serviranjem pustite stati 1 uro na sobni temperaturi. Postrezite pri sobni temperaturi. Shranjujte v nepredušni posodi v hladilniku do 2 dni.

Poprova omaka na način Molise

Feferoni omaka

Naredi približno 1 skodelico

Molise je ena najmanjših in najrevnejših regij v Italiji, vendar je hrana polnega okusa. Poskusite to pikantno poprovo omako, v narečju imenovano jevezarola, kot začimbo k mesu ali piščancu na žaru ali na žaru. Rad imam celo tuno na žaru. Lahko uporabite svojega<u>Vložena paprika</u>ali sorto, kupljeno v trgovini. Če imate radi pekočo hrano, dodajte nekaj vložene pekoče rdeče paprike.

1 skodelica vložene rdeče paprike, odcejene

1 srednja sesekljana čebula

1 žlica sladkorja

4 žlice oljčnega olja

1. Papriko, čebulo in sladkor dajte v kuhinjski robot ali mešalnik. Mešajte do gladkega. Dodajte olje in dobro premešajte.

2. Mešanico vlijemo v majhno, težko ponev. Kuhajte, pogosto mešajte, dokler ni zelo gosta, približno 45 minut. Odstranite z ognja in pustite, da se ohladi, preden postrežete. Postrezite pri sobni temperaturi. Shranjujte v nepredušni posodi v hladilniku do 1 meseca.

Majoneza iz olivnega olja

majonski

Naredi 1 skodelico

Domača majoneza naredi veliko razliko, če jo preprosto postrežemo, na primer namazano na zrele paradižnike, trdo kuhana jajca, poširane ribe, narezan piščanec ali sendviče. Za pripravo najraje uporabim ekstra deviško oljčno olje z blagim okusom ali zmešam olje s polnim okusom skupaj z rastlinskim oljem. Majonezo naredimo ročno z metlico ali z električnim mešalnikom.

Salmonela v surovih jajcih se je v zadnjih letih precej zmanjšala, a če dvomite, lahko razumno nadomestite majonezo v kozarcih s kapljicami olivnega olja in svežega limoninega soka po okusu.

2 velika rumenjaka, sobne temperature

2 žlici svežega limoninega soka

1 1/4 čajne žličke soli

1 skodelica ekstra deviškega oljčnega olja ali 1/2 skodelice rastlinskega olja plus 1/2 skodelice ekstra deviškega oljčnega olja

1. V srednje veliki skledi zmešajte rumenjake, limonin sok in sol do bledo rumene in goste mase.

2. Nadaljujte z mešanjem, medtem ko zelo postopoma po kapljicah dodajate olje, dokler se zmes ne začne strjevati. Ko se zgosti, enakomerneje vmešajte preostalo olje in se prepričajte, da se absorbira, preden dodate več. Če se olje kadar koli preneha vpijati, prenehajte z dodajanjem olja in hitro mešajte, dokler omaka ni ponovno gladka.

3. Okusite in prilagodite začimbe. Postrezite takoj ali pokrijte in hranite v hladilniku do 2 dni.

Različica: Zeliščna majoneza: dodajte 2 žlici drobno sesekljane sveže bazilike ali peteršilja. Limonina majoneza: dodajte 1/2 čajne žličke sveže naribane limonine lupinice.

Fettuccine s spomladansko zelenjavo

fettuccine Primavera

Za 4 do 6 obrokov

Ta recept naj bi izumili v newyorški restavraciji Le Cirque. Čeprav tam nikoli ni bilo na meniju, redni obiskovalci vedo, da ga lahko naročijo kadar koli. Uporabite lahko tudi drugo zelenjavo, kot so paprika, stročji fižol ali bučke, zato lahko improvizirate glede na to, kar imate pri roki.

4 žlice nesoljenega masla

1 1/4 skodelice sesekljane šalotke

1 skodelica sesekljanega korenja

1 skodelica cvetov brokolija, narezanih na majhne koščke

4 šparglje, orezane in na majhne koščke narezane

1 1/2 skodelice svežega ali zamrznjenega graha

1 skodelica stepene ali težke smetane

Sol in sveže mlet črni poper

1 funt svežih fettuccine

3/4 skodelice sveže naribanega parmigiano-reggiana

10 listov bazilike, zloženih in narezanih na tanke trakove

1. V ponvi, ki je dovolj velika, da sprejme fettuccine, stopite maslo na srednjem ognju. Dodamo šalotko in korenje ter med občasnim mešanjem kuhamo pet minut ali dokler se ne zmehčajo.

2. V velikem loncu zavremo vsaj 4 litre vode. Solimo po okusu. Dodamo brokoli in šparglje ter kuhamo 1 minuto. Z rešetkasto žlico odstranite zelenjavo in jo dobro odcedite, vrelo vodo pa pustite v loncu.

3. Brokoli in šparglje damo v ponev skupaj z grahom in smetano. Zavremo. Po okusu začinimo s soljo in poprom. Odstranite z ognja.

4. Fettuccine položite v vrelo vodo in med pogostim mešanjem kuhajte, dokler testenine niso al dente, mehke, a čvrste na ugriz. Fettuccine odcedimo in dodamo v ponev. Dodajte sir in dobro premešajte. Potresemo z baziliko in takoj postrežemo.

Fettuccine s kremo Gorgonzola

Fettuccine s kremo Gorgonzola

Za 4 do 6 obrokov

Od vseh modrih sirov, ki se proizvajajo po svetu, je moj najljubši gorgonzola. Za izdelavo je kravje mleko cepljeno s sporami penicilina, kar daje siru značilno barvo in okus. Ni preveč začinjen in se lepo topi, zato je idealen za omake. Za ta recept uporabite blago vrsto gorgonzole.

2 žlici nesoljenega masla

8 unč dolce gorgonzole, olupljene

1 skodelica stepene ali težke smetane

Sol

1 funt svežih fettuccine

Sveže mleti črni poper

1/2 skodelice sveže naribanega parmigiano-reggiana

1. V srednje veliki ponvi raztopite maslo in dodajte gorgonzolo. Na majhnem ognju mešamo, dokler se sir ne stopi. Dodajte smetano. Omako zavrite in kuhajte 5 minut ali dokler se omaka rahlo ne zgosti.

2. Najmanj 4 litre vode zavremo. Dodajte testenine in sol po okusu. Dobro premešamo. Kuhajte na močnem ognju in pogosto mešajte, dokler testenine niso al dente, mehke, a čvrste na ugriz. Testenine odcedimo in prihranimo malo vode od kuhanja.

3. V veliko toplo servirno skledo stresite testenine z omako. Dodamo parmigiano in ponovno premešamo. Po potrebi dodamo malo vode za kuhanje, da testenine razredčimo. Postrezite takoj.

Tagliarini s pestom, na genovski način

Tagliarini s pestom

Za 4 do 6 obrokov

V Liguriji spomladi postrežejo tanke pramene svežih testenin s pestom, pomešanim s tankim stročjim fižolom in narezanim mladim krompirjem. Zelenjava nosi okus pesta, zmanjša del njegovega bogastva in doda teksturo.

Beseda pesto pomeni pire, obstaja pa še več vrst pesto omak, čeprav je ta najbolj znana.

1 skodelica pakiranih svežih listov bazilike

1/2 skodelice svežega ploščatega peteršilja

1 1/4 skodelice pinjol

1 strok česna

Sol in sveže mlet črni poper po okusu.

1/3 skodelice ekstra deviškega oljčnega olja

1 skodelica sveže naribanega Parmigiano-Reggiano ali Pecorino Romano

4 srednje veliki voskasti krompirji, olupljeni in na tanke rezine narezani

8 unč tankega stročjega fižola, narezanega na 1-palčne kose

1 funt svežih tagliarinov ali fettuccine

2 žlici nesoljenega masla, pri sobni temperaturi

1. V kuhinjskem robotu ali mešalniku zmešajte baziliko, peteršilj, pinjole, česen in ščepec soli. Dobro sesekljajte. Ko stroj deluje, dodajte olje v enakomernem toku in obdelajte, dokler ni gladko. Dodajte sir.

2. Najmanj 4 litre vode zavremo. Dodajte krompir in stročji fižol. Kuhajte, dokler se ne zmehča, približno 8 minut. Zelenjavo odstranite z žlico z režami. Položimo jih v toplo servirno skledo. Pokrijte in hranite na toplem.

3. V vrelo vodo dodajte testenine in dobro premešajte. Kuhajte na močnem ognju in pogosto mešajte, dokler testenine niso al

dente, mehke, a čvrste na ugriz. Testenine odcedimo in prihranimo malo vode od kuhanja.

4.Dodajte testenine, pesto in maslo v skledo, da jo postrežete z zelenjavo. Dobro premešamo in dodamo malo vode od kuhanja, če se testenine zdijo suhe. Postrezite takoj.

Fettuccine z artičokami

Fettuccine s Carciofi

Za 4 do 6 obrokov

Vozovi, natovorjeni z artičokami, se spomladi pojavijo na tržnicah na prostem po vsem Rimu. Njihova dolga stebla in listi so še vedno pritrjeni, kar preprečuje njihovo izsušitev. Rimski kuharji vedo, da so stebla tako okusna kot srca artičok. Samo olupiti jih je treba in jih lahko skuhate skupaj z artičokami ali nasekljate za nadev.

3 srednje velike artičoke

1 1/4 skodelice olivnega olja

1 majhna čebula drobno sesekljana

1 1/4 skodelice sesekljanega svežega peteršilja

1 drobno sesekljan strok česna

Sol in sveže mlet črni poper po okusu.

1 1/2 skodelice suhega belega vina

1 funt svežih fettuccine

Ekstra deviško olivno olje

1. Z velikim, ostrim nožem odrežite zgornji del artičok za 1/2 do 3/4 palca. Artičoke sperite pod hladno vodo in odprite liste. Izogibajte se majhnim bodicam na preostalih konicah listov. Nagnite se nazaj in odrežite vse temno zelene liste, dokler ne dosežete bledo rumenkastega stožca mladih listov v središču artičoke. Olupite trdo zunanjo kožo okoli dna in pecljev. Pustite stebla pritrjena na podlago; obrežite konce stebel. Artičoke po dolžini prerežemo na pol in z žlico izdolbemo dlakavo dušene. Artičoke po dolžini narežemo na tanke rezine.

2. Olje vlijemo v ponev, ki je dovolj velika, da vanjo vzamemo kuhane testenine. Dodajte čebulo, peteršilj in česen ter kuhajte na srednjem ognju, dokler čebula ne zlato porumeni, približno 15 minut.

3. Dodajte rezine artičok, vino ter sol in poper po okusu. Pokrijte in kuhajte, dokler se artičoke ne zmehčajo, ko jih prebodete z vilicami, približno 10 minut.

4. Najmanj 4 litre vode zavremo. Dodajte 2 žlici soli, nato pa testenine. Dobro premešamo. Kuhajte na močnem ognju in

pogosto mešajte, dokler testenine niso al dente, mehke, a čvrste na ugriz. Testenine odcedimo in prihranimo malo vode od kuhanja. Dodajte testenine v ponev z artičokami.

5. Dodajte kanček ekstra deviškega oljčnega olja in malo prihranjene vode za kuhanje, če se testenine zdijo suhe. Dobro premešaj. Postrezite takoj.

Fettuccine s paradižnikovimi fileji

Fettuccine s Filetto di Pomodoro

Za 4 do 6 obrokov

Trakovi olupljenih zrelih paradižnikov, kuhanih do mehkega, so čudoviti s svežimi fetučini. Paradižnik v tej gladki omaki ohrani ves svoj sladek in svež okus.

4 žlice nesoljenega masla

1 1/4 skodelice drobno sesekljane čebule

1 funt slivovih paradižnikov, olupljenih in brez semen ter narezanih na 1/2-palčne trakove

6 listov sveže bazilike

Sol po okusu

1 funt svežih fettuccine

Sveže nariban Parmigiano-Reggiano

1. V veliki ponvi segrejte 3 žlice masla na srednje nizkem ognju, dokler se ne stopi. Dodajte čebulo in kuhajte do zlato rjave barve, približno 10 minut.

2. Dodamo paradižnikove fileje, liste bazilike in nekaj ščepcev soli. Kuhajte, dokler se paradižnik ne zmehča, približno 5 do 10 minut.

3. Najmanj 4 litre vode zavremo. Dodajte 2 žlici soli, nato pa testenine. Dobro premešamo. Kuhajte na močnem ognju in pogosto mešajte, dokler testenine niso al dente, mehke, a čvrste na ugriz. Testenine odcedimo in prihranimo malo vode od kuhanja.

4. Dodajte fettuccine v ponev skupaj s preostalo žlico masla. Dobro premešaj. Dodajte malo vode za kuhanje, če se testenine zdijo suhe. Takoj postrezite s sirom.

Fettuccine s tisoč zelišči

Fettuccine alle Mille Erbe

Za 4 do 6 obrokov

To je ena mojih najljubših poletnih testenin, ki jo zelo rada pripravljam, ko so zelišča na mojem vrtu v polnem cvetu in so paradižniki popolnoma zreli. Recept prihaja iz Locanda dell'Amorosa, restavracije in gostilne v Sinalungi v Toskani. Tam so uporabljali stracci, kar pomeni "raztrgan", testenine v obliki, podobne papardelju, razrezane z nagubanim kolescem za pecivo, tako da so robovi nazobčani. Fettuccine je dober nadomestek.

Za pripravo te omake je treba veliko sekljati, vendar se lahko veliko naredi, preden jo postrežete. Ne zamenjajte svežih zelišč za posušena zelišča. Njen okus bi bil v teh testeninah preveč agresiven. Več vrst zelišč kot boste uporabili, bolj zapleten bo okus, a tudi če ne boste uporabili vseh naštetih vrst, bo še vedno okusno.

1 1/4 skodelice sesekljanega italijanskega peteršilja

1 1/4 skodelice sesekljane sveže bazilike

1 1/4 skodelice sesekljanega svežega pehtrana

2 žlici sesekljane sveže mete

2 žlici sesekljanega svežega majarona

2 žlici sesekljanega svežega timijana

8 svežih listov žajblja, drobno sesekljanih

1 vejica svežega rožmarina, drobno sesekljanega

1/3 skodelice ekstra deviškega oljčnega olja

Sol in sveže mlet črni poper

1 funt svežih fettuccine

1 1/2 skodelice sveže naribanega Pecorina Romana

2 srednje zrela paradižnika, olupljena, semena in narezana

1. V skledi, ki je dovolj velika, da sprejme vse sestavine, zmešajte zelišča, olivno olje ter sol in poper po okusu. Dati na stran.

2. Najmanj 4 litre vode zavremo. Dodajte 2 žlici soli, nato testenine in dobro premešajte. Kuhajte na močnem ognju in

pogosto mešajte, dokler testenine niso al dente, mehke, a čvrste na ugriz. Testenine odcedimo in prihranimo malo vode od kuhanja.

3. Testenine dodajte v skledo z zeliščno mešanico in dobro premešajte. Dodajte sir in ponovno premešajte. Paradižnik razporedite po testeninah in takoj postrezite.

Fettuccine s klobaso in smetano

Fettuccine s Salsiccio

Za 4 do 6 obrokov

Pečena rdeča paprika, koščki klobase in zeleni grah se prepletajo med kremastimi fettuccini za velik okus v vsakem grižljaju tega recepta Emilia-Romagna. Poskusite najti mesnate svinjske klobase brez veliko začimb za ta recept.

8 unč italijanske svinjske klobase, brez črev

1 skodelica stepene ali težke smetane

1/2 skodelice pečene rdeče paprike, odcejene in narezane na kocke

1/2 skodelice svežega ali zamrznjenega graha

1 žlica sesekljanega svežega peteršilja

Sol in sveže mlet črni poper

1 funt svežih fettuccine

1/2 skodelice sveže naribanega parmigiano-reggiana

1. Na srednjem ognju segrejte veliko ponev. Dodajte klobaso in kuhajte, pogosto mešajte, da razbijete grudice, dokler ni več rožnata, približno 5 minut. Meso odstranimo na desko za rezanje, pustimo, da se nekoliko ohladi, nato pa ga drobno nasekljamo.

2. Očistite ponev. V ponev vlijemo smetano in narezano klobaso ter pustimo vreti. Dodamo pečeno papriko, grah, peteršilj ter sol in poper po okusu. Kuhajte 3 minute ali dokler se grah ne zmehča. Pogasi ogenj.

3. Najmanj 4 litre vode zavremo. Dodajte 2 žlici soli, nato pa testenine. Dobro premešamo. Kuhajte na močnem ognju in pogosto mešajte, dokler testenine niso al dente, mehke, a čvrste na ugriz. Testenine odcedimo in prihranimo malo vode od kuhanja.

4. Testenine stresemo v ponev z omako. Dodajte sir in ponovno premešajte. Po potrebi dodamo malo vode za kuhanje. Postrezite takoj.

Zeleno-bele testenine s klobaso in smetano

Paglia e Fieno

Za 4 do 6 obrokov

Paglia e Fieno dobesedno pomeni "slama in seno", čudaško ime v Emiliji-Romanji za to jed iz tankih zelenih in belih rezancev, kuhanih skupaj. Običajno so oblečeni s kremasto omako iz klobas.

2 žlici nesoljenega masla

8 unč italijanske svinjske klobase, odstranjenih črev in drobno narezanih

1 skodelica težke smetane

1/2 skodelice svežega ali zamrznjenega graha

Sol

1 1/2 funta svežih jajčnih tagliarinov

1 1/2 funta sveže špinače tagliarini

Sveže mleti črni poper

½ skodelice sveže naribanega parmigiano-reggiana

1. V ponvi, ki je dovolj velika za kuhane testenine, na srednjem ognju stopite maslo. Dodajte meso klobase in med pogostim mešanjem kuhajte, dokler meso ni več rožnato, približno 5 minut. Ne porjavi.

2. Dodamo smetano in grah ter kuhamo na majhnem ognju. Kuhajte 5 minut oziroma dokler krema ni rahlo gosta. Odstranite z ognja.

3. Najmanj 4 litre vode zavremo. Dodajte 2 žlici soli, nato pa testenine. Dobro premešamo. Kuhajte na močnem ognju in pogosto mešajte, dokler testenine niso al dente, mehke, a čvrste na ugriz. Testenine odcedimo in prihranimo malo vode od kuhanja.

4. Dodajte testenine mešanici klobas. Dodamo izdatno mlet črni poper in sir ter dobro premešamo. Postrezite takoj.

Fettuccine s porom in fontino

Fettuccine s Porrijem in Fontino

Za 4 do 6 obrokov

Najboljši sir fontina prihaja iz doline Aosta v severozahodni Italiji. Ima kremasto teksturo in zemeljski okus, ki spominja na tartufe. Je popoln sir za uživanje in se dobro topi.

4 srednje veliki por

1 1/2 skodelice vode

2 žlici nesoljenega masla

Sol

3 1/4 skodelice težke smetane

4 unče narezanega uvoženega italijanskega pršuta, prečno narezanega na tanke trakove

Sveže mleti črni poper

1 funt svežih fettuccine

1 skodelica naribane Fontine Valle d'Aosta ali Asiago

1. Poru porežemo zelene vršičke in korenine. Po dolžini jih razpolovite in dobro sperite pod mrzlo tekočo vodo ter odstranite pesek med plastmi. Por odcedimo in prečno narežemo na tanke rezine. Narezanega pora naj bo približno 3 1/2 skodelice.

2. V ponvi, ki je dovolj velika za testenine, zmešajte por, vodo, maslo in sol po okusu. Vodo zavrite in kuhajte, dokler por ni mehak in rahlo prosojen ter večina tekočine izhlapi, približno 30 minut.

3. Dodamo smetano in dušimo še 2 minuti oziroma dokler se rahlo ne zgosti. Dodamo pršut in malo popramo. Odstranite omako z ognja.

4. Najmanj 4 litre vode zavremo. Dodajte 2 žlici soli, nato pa testenine. Dobro premešamo. Kuhajte na močnem ognju in pogosto mešajte, dokler testenine niso al dente, mehke, a čvrste na ugriz. Testenine odcedimo in prihranimo malo vode od kuhanja.

5. Testenine dodamo v ponev z omako in dobro premešamo. Če se testenine zdijo suhe, dodajte malo vode za kuhanje. Dodajte fontino, premešajte in postrezite.

Fettuccine z gobami in pršutom

Fettuccine z funghi in pršutom

Za 4 do 6 obrokov

Pršut je običajno narezan na papirnato tanke rezine, ko pa ga dodajam v kuhano jed, mi je velikokrat ljubše, da meso narežem na eno samo debelo rezino, ki jo nato narežem na ozke trakove. Bolje ohranja obliko in se ne razkuha, ko je izpostavljena vročini.

4 žlice nesoljenega masla

1 paket (10 unč) gob, narezanih na tanke rezine

1 skodelica zamrznjenega graha, delno odmrznjenega

Sol in sveže mlet črni poper

4 unče uvoženega italijanskega pršuta, narezanega na približno 1/4 palca debelo, prečno narezanega na tanke trakove

1 funt svežih fettuccine

1 1/2 skodelice težke smetane

1/2 skodelice sveže naribanega parmigiano-reggiana

1. V ponvi, ki je dovolj velika, da sprejme vse sestavine, na srednjem ognju stopite maslo. Dodajte gobe in med občasnim mešanjem kuhajte, dokler gobji sok ne izhlapi in gobe ne začnejo porjaveti, približno 10 minut.

2. Dodajte grah. Potresemo s soljo in poprom ter kuhamo 2 minuti. Dodamo pršut in ugasnemo ogenj. Pokrijte, da ostane toplo.

3. Najmanj 4 litre vode zavremo. Dodajte 2 žlici soli, nato pa testenine. Dobro premešamo. Kuhajte na močnem ognju in pogosto mešajte, dokler testenine niso al dente, mehke, a čvrste na ugriz. Testenine odcedimo in prihranimo malo vode od kuhanja.

4. Testenine prestavimo v ponev z zelenjavo in pršutom. Povečajte toploto. Dodamo smetano in sir ter ponovno premešamo. Če se testenine zdijo suhe, dodajte malo vode za kuhanje. Postrezite takoj.

Poletne tagliatelle

Poletne tagliatelle

Za 4 do 6 obrokov

Vse na teh testeninah je sladko in sveže, od majhnih, svežih kolutov bučk, do sončno zrelega okusa paradižnika do gladkega, kremastega okusa solatnega sira ricotta. Ta čvrsta, suha, stisnjena oblika rikote se uporablja kot namizni sir in za ribanje. Nadomestite z blagim pecorinom ali parmigiano-reggiano, če ne najdete te vrste rikote.

1 majhna čebula sesekljana

1 1/4 skodelice olivnega olja

3 zelo majhne bučke, narezane na 1/4-palčne kolute

Sol

2 skodelici grozdnih paradižnikov, prerezanih na pol po dolžini

1 skodelica sesekljanih listov bazilike

1 funt sveže špinače fetučini

1 1/2 skodelice naribane solate ricotta

1. V veliki ponvi na srednjem ognju na olju kuhajte čebulo 5 minut. Dodamo bučke in solimo po okusu. Kuhajte 5 minut ali dokler se ne zmehča. Dodajte paradižnik in kuhajte še 5 minut ali dokler se bučke ne zmehčajo. Dodajte polovico bazilike in ugasnite ogenj.

2. Medtem zavremo vsaj 4 litre vode. Dodajte 2 žlici soli, nato pa testenine. Dobro premešamo. Med pogostim mešanjem kuhajte, dokler testenine niso al dente, mehke, a čvrste na ugriz.

3. Testenine odcedimo in zmešamo z omako. Dodajte sir in preostalo 1/2 skodelice bazilike ter ponovno premešajte. Postrezite takoj.

Fettuccine z omako iz gob in inčunov

Fettuccine al Funghi

Za 4 do 6 obrokov

Tudi tisti, ki običajno ne uživajo sardonov, bodo cenili izboljšanje okusa, ki ga daje tej omaki. Njegova prisotnost ni očitna; inčuni se stopijo v omako.

2 velika stroka česna, drobno sesekljana

1/3 skodelice olivnega olja

12 unč belih ali rjavo-belih gob, zelo tanko narezanih

Sol in sveže mlet črni poper

1 1/2 skodelice suhega belega vina

6 sesekljanih filejev inčunov

2 velika sveža paradižnika, olupljena, brez semen in narezana, ali 1 1/2 skodelice narezanih konzerviranih uvoženih italijanskih paradižnikov s sokom

1 funt svežih fettuccine

1 1/4 skodelice sesekljanega svežega peteršilja

2 žlici nesoljenega masla

1. V ponvi, ki je dovolj velika, da sprejme vse testenine, na srednjem ognju na olju kuhajte česen 1 minuto.

2. Dodajte gobe in med pogostim mešanjem kuhajte, dokler tekočina ne izhlapi in gobe ne začnejo porjaveti, približno 10 minut. Prilijemo vino in zavremo.

3. Dodamo inčune in paradižnik. Zmanjšajte toploto na nizko in kuhajte 10 minut.

4. Najmanj 4 litre vode zavremo. Dodajte 2 žlici soli, nato pa testenine. Dobro premešamo. Kuhajte na močnem ognju in pogosto mešajte, dokler testenine niso al dente, mehke, a čvrste na ugriz. Testenine odcedimo in prihranimo malo vode od kuhanja.

5. Testenine preložimo v ponev z omako in dobro premešamo s peteršiljem. Dodamo maslo in ponovno premešamo, po potrebi dodamo malo vode od kuhanja. Postrezite takoj.

Fettuccine s pokrovačami

Fettuccine s Canestrellijem

Za 4 do 6 obrokov

Te testenine običajno pripravim z velikimi pokrovačami. So polne in sladke ter na voljo vse leto. Odlične so tudi manjše pokrovače, ki so poleti na voljo predvsem na severovzhodu. Ne zamenjujte jih z neokusnimi kaliko pokrovačami, ki prihajajo iz toplih voda. Včasih jih predstavljajo za pokrovače, čeprav so običajno veliko manjše in brez okusa. Pokrovače so v premeru približno pol palca in so kremasto bele barve, medtem ko so kalikosi veliki približno četrt palca in so zelo beli.

4 veliki stroki česna, drobno sesekljani

1 1/4 skodelice olivnega olja

1 funt morske pokrovače, narezane na 1/2-palčne kose, ali lovorove pokrovače, ki jih pustimo cele

Ščepec zdrobljene rdeče paprike

Sol

1 velik zrel paradižnik, brez semen in narezan na kocke

2 skodelici svežih listov bazilike, narezanih na 2 ali 3 kose

1 funt svežih fettuccine

1. V ponvi, ki je dovolj velika, da sprejme vse testenine, kuhajte česen na olju na srednjem ognju, dokler česen rahlo ne porjavi, približno 2 minuti. Dodajte pokrovače, poper in sol po okusu. Kuhajte, dokler pokrovače niso prozorne, približno 1 minuto.

2. Dodajte paradižnik in baziliko. Kuhajte 1 minuto, dokler ni bazilika rahlo mehka. Ponev odstavimo z ognja.

3. Najmanj 4 litre vode zavremo. Dodajte 2 žlici soli, nato pa testenine. Dobro premešamo. Kuhajte na močnem ognju in pogosto mešajte, dokler testenine niso al dente, mehke, a čvrste na ugriz. Testenine odcedimo in prihranimo malo vode od kuhanja.

4. V ponev dodamo testenine. Dobro premešamo, po potrebi dodamo malo vode za kuhanje. Postrezite takoj.

Tagliarini s kozicami in kaviarjem

Tagliarini al Gamberi e Caviale

Za 4 do 6 obrokov

Kaviar koralnega lososa je okusen kontrapunkt sladkosti kozic in kremni omaki teh testenin. Ta recept sem se domislil pred nekaj leti za italijansko novoletno zabavo za Washington Post.

12 unč srednjih kozic, olupljenih in brez rezin, narezanih na 1/2-palčne kose

1 žlica nesoljenega masla

2 žlici vodke ali gina

1 skodelica težke smetane

Sol in sveže mlet beli poper

2 žlici zelo drobno sesekljane zelene čebule

1 1/2 čajne žličke sveže limonine lupinice

1 funt svežih tagliarinov

3 unče lososovega kaviarja

1. V ponvi, ki je dovolj velika, da sprejme vse testenine, stopite maslo na srednjem ognju. Dodajte kozico in med mešanjem kuhajte, dokler ni rožnata in skoraj kuhana, približno 2 minuti. Z žlico z režami odstranite kozice na krožnik.

2. Dodajte vodko v ponev. Kuhajte, mešajte, dokler tekočina ne izpari, približno 1 minuto. Dodamo smetano in pustimo vreti. Kuhamo toliko časa, da se krema nekoliko zgosti, še kakšno minuto. Dodamo kozico ter ščepec soli in popra. Dodajte zeleno čebulo in limonino lupinico. Odstranite z ognja.

3. Najmanj 4 litre vode zavremo. Dodajte 2 žlici soli, nato pa testenine. Med pogostim mešanjem kuhajte, dokler testenine niso al dente, mehke, a čvrste na ugriz. Testenine odcedimo in prihranimo malo vode od kuhanja.

4. Testenine vlijemo v ponev z omako in na srednjem ognju dobro premešamo. Dodajte malo vode za kuhanje, če se testenine zdijo suhe. Testenine razdelite na krožnike. Vsako porcijo prelijemo z žlico kaviarja in takoj postrežemo.

Hrustljave testenine s čičeriko, po apuljsko

Ceci in Tria

Za 4 porcije

Kratke trakove svežih testenin včasih imenujejo tria v Pugliji in drugih delih južne Italije. V 10. stoletju je normanski vladar Sicilije Roger II dal arabskemu geografu pripraviti študijo o njegovem kraljestvu. Geograf al-Idrisi je zapisal, da je videl ljudi delati hrano z moko v obliki niti, ki so jih imenovali z arabsko besedo za nit itriyah. Skrajšana oblika tria se še vedno uporablja.

Tria so široke kot fettuccine, vendar so razrezane na 3-palčne dolžine. Testenine v tem receptu dobijo nenavadno obdelavo: polovica se skuha na običajen način, druga polovica pa se hrustljavo ocvre, kot so rezanci, ki jih najdete v kitajskih restavracijah. Oboje je združeno v okusni čičerikini omaki. To je tradicionalni recept iz južnega dela Puglie, blizu Lecceja. Ni podoben nobenemu drugemu receptu za testenine, ki sem ga poskusil v Italiji.

3 žlice plus 1/2 skodelice oljčnega olja

1 majhna čebula sesekljana

1 rebro zelene, sesekljano

1 drobno sesekljan strok česna

1 1/2 skodelice kuhane ali konzervirane čičerike, odcejene

1 skodelica olupljenega, semena in narezanega paradižnika

2 žlici drobno sesekljanega svežega ploščatega peteršilja

2 skodelici vode

Sol in sveže mlet črni poper

12 unč svežih fettuccine, narezanih na 3-palčne kose

1. V veliki ponvi zmešajte 3 žlice oljčnega olja ter čebulo, zeleno in česen. Kuhajte na srednjem ognju, dokler se ne zmehča, približno 5 minut. Dodamo čičeriko, paradižnik, peteršilj in vodo. Po okusu začinimo s soljo in poprom. Zavremo in kuhamo 30 minut.

2. Postavite pladenj, obložen s papirnatimi brisačami. V veliki ponvi na zmernem ognju segrejte preostalo 1/2 skodelice olja. Dodajte četrtino testenin in med mešanjem kuhajte, dokler ne nastanejo mehurji in začnejo rahlo rjaveti, približno

4 minute. Testenine odstranite z žlico z režami in jih odcedite v pladnju. Ponovite z drugo četrtino testenin.

3.Najmanj 4 litre vode zavremo. Dodamo 2 žlici soli, nato še preostale testenine. Dobro premešamo. Kuhajte na močnem ognju in pogosto mešajte, dokler testenine niso al dente, mehke, a čvrste na ugriz. Testenine odcedimo in prihranimo malo vode od kuhanja.

4.V vrelo omako stresemo kuhane testenine. Dodajte malo vode za kuhanje, če se testenine zdijo suhe. Podobno mora biti gosti juhi.

5.V ponev dodamo popražene testenine in premešamo. Postrezite takoj.

Tagliarini z abruškim čokoladnim ragujem

Abruške testenine s Cioccolato Amaro

Za 4 do 6 obrokov

Ta recept sem prilagodil receptu, ki mi ga je prijatelj Al Bassano povedal, da ga je dobil na italijanski spletni strani. Zanimalo me je, ker česa podobnega še nikoli nisem videl ali poskusil. Komaj sem čakal, da ga preizkusim in nisem bil razočaran. Majhna količina čokolade in cimeta doda omaki subtilno bogastvo.

Prvotni recept je predvideval postrežbo raguja s chitarrino, značilno abruzsko jajčno testenino, narejeno v napravi, znani kot chitarra ali "kitara". Kitara je v tem primeru preprost lesen okvir, napet z vrsto kitarskih strun. Na vrvi položimo list svežega testa za testenine in čez testo povaljamo valjar. Napete vrvi razrežejo testo na kvadratne pramene kot špagete. Tagliarini so dober nadomestek za chitarrino.

1 srednja čebula, drobno sesekljana

1 1/4 skodelice olivnega olja

8 unč mlete svinjine

Sol in sveže mlet črni poper

1 1/2 skodelice suhega rdečega vina

1 skodelica paradižnikove mezge

1 1/4 skodelice paradižnikove paste

1 skodelica vode

1 žlica sesekljane grenke čokolade

1 1/2 čajne žličke sladkorja

Ščepec mletega cimeta

1 funt svežih tagliarinov

1. V srednji ponvi kuhajte čebulo na olju na srednjem ognju, dokler ni čebula mehka in zlata, približno 10 minut. Dodajte svinjino in kuhajte, tako da meso razdrobite s hrbtno stranjo žlice, dokler rahlo ne porjavi. Začinimo s soljo in poprom po okusu.

2. Prilijemo vino in pustimo vreti. Kuhajte, dokler večina vina ne izhlapi.

3. Dodajte paradižnikovo mezgo, paradižnikovo pasto in vodo. Zmanjšajte toploto na nizko in kuhajte 1 uro, občasno premešajte, dokler omaka ni gosta.

4. Dodamo čokolado, sladkor in cimet, dokler se čokolada ne stopi. Okusite za začimbo.

5. Najmanj 4 litre vode zavremo. Dodajte 2 žlici soli, nato pa testenine. Dobro premešamo. Kuhajte na močnem ognju in pogosto mešajte, dokler testenine niso al dente, mehke, a čvrste na ugriz. Testenine odcedimo in prihranimo malo vode od kuhanja.

6. V veliko toplo servirno skledo stresite testenine z omako. Po potrebi dodamo malo prihranjene vode za kuhanje. Postrezite takoj.

Bolonjska lazanja

Bolonjska lazanja

Za 8 do 10 obrokov

Ta lazanja iz Bologne v severni Italiji je popolnoma drugačna od južnoitalijanske različice, ki sledi temu receptu, čeprav sta obe klasični. Različica Bolognese je narejena iz zeleno obarvane špinačne lazanje namesto jajčne lazanje, edini uporabljeni sir pa je Parmigiano-Reggiano, medtem ko ima južna različica mocarelo, rikoto in Pecorino Romano. Kremno bela bešamel omaka je standardna sestavina severne različice, južna različica pa vsebuje veliko več mesa. Poskusite, enako okusni so.

   3 do 4 skodelice<u>Ragú a la Bologna</u>

   3 skodelice<u>Bešamel omaka</u>

1 funt sveže špinačne lazanje

Sol

1 1/2 skodelice sveže naribanega parmigiano-reggiana

2 žlici nesoljenega masla

1. Pripravite obe omaki. Najmanj 4 litre vode zavremo. Pripravite veliko skledo hladne vode. V vrelo vodo dodamo polovico lazanje in 2 žlici soli. Kuhajte, dokler testenine niso mehke, a rahlo premalo kuhane. Testenine odstranite z žlico z režami in jih položite v hladno vodo. Na enak način skuhamo preostale trakove lazanje. Ohlajene liste za lazanjo položite na brisače, ki ne puščajo vlaken.

2. Pekač velikosti 13 × 10 × 2 palcev premažite z maslom. Za zgornjo plast rezervirajte 2 najlepša trakova testenin. Prihranite 1/2 skodelice bešamela in 1/4 skodelice sira. Naredite plast testenin, tako da kose prekrivate. Namažemo s tanko plastjo bešamela, nato ragujem, nato sirom. Ponovite plasti, končajte s testeninami. Zgornjo plast namažite s prihranjeno 1/2 skodelice bešamela. Potresemo s prihranjeno 1/4 skodelice sira. Pokapljajte z maslom. (Če pripravljate lazanjo vnaprej, jo dobro pokrijte s plastično folijo in čez noč postavite v hladilnik.)

3. Na sredino pečice postavite rešetko. Pečico segrejte na 375 ° F. Lazanjo pecite 45 minut. Če se lazanja preveč zapeče, jo ohlapno pokrijemo z aluminijasto folijo. Pecite še 15 minut ali

dokler omaka ne začne brbotati in nož, vstavljen v sredino, ne pride ven topel. Pred serviranjem pustite počivati 15 minut.

Neapeljska lazanja

Neapeljska lazanja

Za 8 do 10 obrokov

Kadarkoli pripravljam lazanjo, si ne morem kaj, da ne bi pomislil na svojo najljubšo italijansko otroško pravljico Pentolin delle Lasagne, ki jo je napisal A. Rubino in je bila objavljena v otroškem oddelku časopisa Corriere della Sera leta 1932. To je zgodba o človeku. ki je z glavo vedno nosil pentolino di terracotta, glineno posodo za kuhanje lazanje. Počutil se je, kot da ga ščiti pred vremenskimi vplivi, in je bil vedno pripravljen pripraviti lazanjo v trenutku. Ni presenetljivo, da je bil najboljši izdelovalec lazanje v svoji državi Pastacotta ("kuhane testenine"), čeprav so se mu ljudje smejali zaradi njegovega neumnega klobuka. Zahvaljujoč svojemu loncu za lazanjo in malo čarovnije je rešil državljane Pastacotte pred lakoto, postal kralj in živel srečno do konca svojih dni ter vsako nedeljo pripravljal lazanjo za vse v svojem kraljestvu.

To je lazanja, kot sta jo delali moja mama in babica pred njo. Je neverjetno bogat, a absolutno neustavljiv.

Približno 8 skodelic <u>Neapeljski ragu</u>, narejeno z majhnimi mesnimi kroglicami

Sol

1 funt sveže lazanje

2 funta cele ali delno posnete rikote

1 1/4 skodelice sveže naribanega pecorina-romana

1 funt sveže mocarele, narezane na tanke rezine

1. Pripravite ragù. Kose mesa, mesne kroglice in klobase odstranite iz omake. Svinjino in govedino rezervirajte za drug obrok. Klobase narežemo na tanke rezine in jih prihranimo skupaj z mesnimi kroglicami za lazanjo.

2. Na ravno površino položite nekaj kuhinjskih brisač, ki ne puščajo vlaken. Pripravite veliko skledo hladne vode.

3. Približno 4 litre vode zavrite. Dodajte 2 žlici soli. Lazanjo dodajte po kosih. Lazanjo kuhajte, dokler ni mehka, vendar rahlo kuhana. Testenine odstranite iz vode. Kuhane testenine damo v hladno vodo. Ko se dovolj ohladijo, položite liste testenin na brisače. Brisače lahko zložite eno na drugo. Na

enak način nadaljujte s kuhanjem in ohlajanjem preostale lazanje.

4. V 13 × 9 × 2-palčno ponev razporedite tanko plast omake. Naredite plast testenin, tako da kose rahlo prekrivate. Namažite z 2 skodelicama rikote, nato z majhnimi mesnimi kroglicami in narezanimi klobasami, nato z mocarelo. Nalijte še približno 1 skodelico omake in potresite s 1/4 skodelice naribanega sira.

5. Ponovite plasti, zaključite s testeninami, omako in naribanim sirom. (Če pripravljate lazanjo vnaprej, jo dobro pokrijte s plastično folijo in čez noč postavite v hladilnik.)

6. Na sredino pečice postavite rešetko. Pečico segrejte na 375 ° F. Lazanjo pecite 45 minut. Če se lazanja preveč zapeče, jo ohlapno pokrijemo z aluminijasto folijo. Pečemo še 15 minut oziroma dokler vrh ne postane zlato rjav in omaka po robovih brbota.

7. Lazanjo vzamemo iz pečice in pustimo počivati 15 minut. Lazanjo narežemo na kvadratke in postrežemo.

Špinača in gobova lazanja

Funghi e Spinaci Lasagna

Za 8 do 10 obrokov

Parma je raj za ljubitelje testenin. Ovite okoli okusnih nadevov, pomešane z omakami ali različnimi sestavinami, se testenine zdijo lahke kot zrak in vedno okusne. Ta jed temelji na mojih spominih na nebeško kremasto lazanjo, ki sem jo jedel v Parmi pred mnogimi leti.

 3 skodelice<u>Bešamel omaka</u>

1 funt sveže špinače, sesekljane

Sol

5 žlic nesoljenega masla

1 majhna čebula drobno sesekljana

1 1/2 funta narezanih gob

1 funt sveže lazanje

1 1/2 skodelice sveže naribanega parmigiano-reggiana

1. Pripravite bešamel. Nato dajte špinačo v velik lonec z 1/2 skodelice vode. Dodajte ščepec soli. Pokrijte in kuhajte na srednjem ognju, dokler se špinača ne zmehča, približno 5 minut. Špinačo dobro odcedimo. Naj se ohladi. Špinačo zavijte v brisačo in jo stisnite, da iz nje iztisnete čim več soka. Špinačo nasekljamo in odstavimo.

2. V veliki ponvi na srednjem ognju stopite štiri žlice masla. Dodajte čebulo in kuhajte, občasno premešajte, dokler se ne zmehča, približno 5 minut.

3. Dodamo gobe ter solimo in popramo po okusu. Med pogostim mešanjem kuhajte, dokler vsa tekočina ne izhlapi in se gobe zmehčajo. Dodamo nasekljano kuhano špinačo.

4. Prihranite 1/2 skodelice bešamel omake. Ostalo dodajte zelenjavni mešanici.

5. Pripravite veliko skledo hladne vode. Na delovno površino položite nekaj kuhinjskih brisač, ki ne puščajo vlaken.

6. Prinesite velik lonec vode, da zavre. Dodajte 2 žlici soli. Lazanjo dodajte po kosih. Lazanjo kuhajte, dokler ni mehka, vendar rahlo kuhana. Testenine odstranite iz vode. Kuhane testenine damo v hladno vodo. Ko se dovolj ohladijo, položite

liste testenin na brisače, ki jih lahko zložite eno na drugo. Na enak način nadaljujte s kuhanjem in ohlajanjem preostale lazanje.

7. Pekač 13 × 9 × 2 palcev premažite z maslom. Za zgornjo plast rezervirajte 2 najlepša trakova testenin. V pripravljeno posodo naredite plast testenin, tako da kose prekrivate. Premažemo s tanko plastjo zelenjave in ščepcem sira. Ponovite plasti, končajte s testeninami. Namažemo s prihranjenim bešamelom. Potresemo s preostalim sirom. Pokapaj s preostalim maslom.

8. Pečico segrejte na 375 ° F. Pečemo 45 minut. Če se lazanja preveč zapeče, jo ohlapno pokrijemo z aluminijasto folijo. Pečemo še 15 minut oziroma dokler vrh ne postane zlato rjav in omaka brbota po robu. Odstranite iz pečice in pustite počivati 15 minut, preden postrežete. Za serviranje narežite na kvadratke.

zelena lazanja

zelena lazanja

Za 8 do 10 obrokov

Zeleni rezanci za lazanjo so preliti s šunko, gobami, paradižniki in bešamel omako. Če želite to narediti brez mesa, preprosto odstranite šunko.

3 skodelice<u>Bešamel omaka</u>

1 unča posušenih jurčkov

2 skodelici tople vode

4 žlice nesoljenega masla

1 žlica olivnega olja

1 drobno sesekljan strok česna

12 unč sesekljanih belih gob

1 1/2 čajne žličke posušenega majarona ali timijana

Sol in sveže mlet črni poper

1 skodelica olupljenih, semen in narezanih svežih paradižnikov ali konzerviranih uvoženih italijanskih paradižnikov, odcejenih in sesekljanih

8 unč narezane kuhane šunke, sesekljane

1 1/4 skodelice sveže naribanega parmigiano-reggiana

1 1/4 funtov zelene lazanje

1. Pripravite bešamel. Posušene gobe damo v vodo in pustimo namakati 30 minut. Odstranite gobe iz sklede in prihranite tekočino. Gobe splaknemo pod hladno tekočo vodo, da odstranimo pesek, pri čemer bodimo še posebej pozorni na konce stebel, kjer se nabira zemlja. Gobe grobo nasekljajte. Gobjo tekočino precedite skozi papirnati filter za kavo v skledo.

2. V veliki ponvi na zmernem ognju stopite dve žlici masla z oljem. Dodamo česen in kuhamo minuto. Dodamo sveže in suhe gobe, majaron ter solimo in popramo po okusu. Med občasnim mešanjem kuhajte 5 minut. Dodajte paradižnik in rezervirano tekočino iz gob ter kuhajte, dokler se ne zgosti, še približno 10 minut.

3. Pripravite veliko skledo hladne vode. Na delovno površino položite nekaj kuhinjskih brisač, ki ne puščajo vlaken.

4. Najmanj 4 litre vode zavremo. Dodajte 2 žlici soli. Lazanjo dodajte po kosih. Lazanjo kuhajte, dokler ni mehka, vendar rahlo kuhana. Testenine odstranite iz vode. Kuhane testenine damo v hladno vodo. Ko se dovolj ohladijo, položite liste testenin na brisače, ki jih lahko zložite eno na drugo. Na enak način nadaljujte s kuhanjem in ohlajanjem preostale lazanje.

5. Pekač 13 × 9 × 2 palcev premažite z maslom. Za zgornjo plast rezervirajte 2 najlepša trakova testenin. Prihranite 1/2 skodelice bešamela in 1/4 skodelice sira. Naredite plast testenin, tako da kose prekrivate. Namažemo s tanko plastjo bešamela, gobove omake, šunke in sira. Ponovite plasti, končajte s testeninami. Namažemo s prihranjenim bešamelom. Potresemo s preostalim sirom. Pokapaj s preostalim maslom.

6. Na sredino pečice postavite rešetko. Pečico segrejte na 375 ° F. Lazanjo pecite 45 minut. Če se lazanja preveč zapeče, jo ohlapno pokrijemo z aluminijasto folijo. Odkrijte in pecite še 15 minut ali dokler vrh ni zlato rjav in omaka brbota po

robovih. Pred serviranjem pustite počivati 15 minut. Za serviranje narežite na kvadratke.

Zelena lazanja z rikoto, baziliko in paradižnikovo omako

Zelena lazanja z rikoto, bazilikom in marinaro

Za 8 do 10 obrokov

Moja babica je vedno delala neapeljske lazanje, a nas je občasno presenetila s to brezmesno različico, sploh poleti, ko se je zdel tipičen mesni ragu pretežak.

Samo ob misli na to lazanjo postanem lačen. Dišava bazilike, bogastvo sira in sladkost paradižnikove omake je kombinacija, ki se mi zdi mamljiva. Je tudi lepa jed s plastmi rdeče, zelene in bele barve.

5 do 6 skodelic<u>Marinara omaka</u>bodis<u>isveža paradižnikova omaka</u>

Sol in sveže mlet črni poper

1 1/4 funtov sveže zelene lazanje

2 funta sveže delno posnete rikote

1 jajce, rahlo stepeno

1 skodelica sveže naribanega Parmigiano-Reggiano ali Pecorino Romano

8 unč svežega sira mozzarella, narezanega na tanke rezine

1 velik šop bazilike, zložen in narezan na ozke trakove

1. Po potrebi pripravimo omako. Nato pripravite veliko skledo hladne vode. Na delovno površino položite nekaj kuhinjskih brisač, ki ne puščajo vlaken.

2. Najmanj 4 litre vode zavremo. Dodajte 2 žlici soli. Lazanjo dodajte po kosih. Lazanjo kuhajte, dokler ni mehka, vendar rahlo kuhana. Testenine odstranite iz vode. Kuhane testenine damo v hladno vodo. Ko se dovolj ohladijo, položite liste testenin na brisače, ki jih lahko zložite eno na drugo. Na enak način nadaljujte s kuhanjem in ohlajanjem preostale lazanje.

3. V skledi stepemo rikoto, jajce ter sol in poper po okusu.

4. V 13 × 9 × 2-palčno ponev razporedite tanko plast omake. V pekač položite dve lazanji v eno plast, ki se rahlo prekrivata. Enakomerno namažemo s polovico mešanice rikote in potresemo z 2 žlicama naribanega sira. Na vrh položimo tretjino rezin mocarele.

5. Naredimo drugo plast lazanje in jo namažemo z omako. Po vrhu potresemo baziliko. Plast s siri, kot je opisano zgoraj. Ponovite za tretjo plast. Zadnjo plast naredite iz lazanje, omake, mocarele in naribanega sira. (Lahko se naredi vnaprej do te točke. Pokrijte s plastično folijo in hladite nekaj ur ali čez noč.)

6. Na sredino pečice postavite rešetko. Pečico segrejte na 375 ° F. Lazanjo pecite 45 minut. Če se lazanja preveč zapeče, jo ohlapno pokrijemo z aluminijasto folijo. Pečemo še 15 minut oziroma dokler vrh ne postane zlato rjav in omaka po robovih brbota. Pustimo počivati 15 minut. Narežemo na kvadrate in postrežemo.

Lazanje z jajčevci

Lazanja s parmigiano

Za 8 do 10 obrokov

Moja prijateljica Donatella Arpaia, ki je poletje v otroštvu preživela z družino v Italiji, se spominja svoje najljubše tete, ki je zgodaj zjutraj pripravila lazanjo s svežo zelenjavo, ki jo je pozneje čez dan odnesla na plažo za kosilo. Ponev so skrbno zavili v brisače, vsebina pa bi bila še topla, ko bi sedli k jedi.

Ta različica je podobna parmezanu iz jajčevcev, z dodatkom svežih rezancev za lazanjo. Popoln je za poletni bife ali za vegetarijance.

2 srednja jajčevca (približno 1 funt vsak)

Sol

Olivno olje

1 srednja čebula, drobno sesekljana

5 funtov svežih slivovih paradižnikov, olupljenih, brez semen in narezanih, ali 2 pločevinki (28 unč) uvoženih italijanskih olupljenih paradižnikov, odcejenih in narezanih

Sveže mleti črni poper

2 žlici sesekljanega svežega peteršilja

2 žlici sesekljane sveže bazilike

1 funt sveže lazanje

1 funt sveže mocarele, narezane na četrtine in na tanke rezine

1 skodelica sveže naribanega parmigiano-reggiana

1. Jajčevce obrežemo in narežemo na tanke rezine. Rezine potresemo s soljo in jih položimo v cedilo na krožnik. Pustite stati vsaj 30 minut. Jajčevce operemo v hladni vodi in osušimo.

2. Na sredino pečice postavite rešetko. Pečico segrejte na 400 ° F. Rezine jajčevca na obeh straneh izdatno premažite z oljem. Rezine položite na velike pekače. Jajčevce pečemo 30 minut oziroma dokler se ne zmehčajo in rahlo porjavijo.

3. V veliki ponvi kuhajte čebulo v 1/3 skodelice oljčnega olja na zmernem ognju in mešajte, dokler se ne zmehča, vendar ne porjavi, približno 10 minut. Dodajte paradižnik ter sol in poper po okusu. Pustite vreti in kuhajte, dokler se rahlo ne zgosti, približno 15 do 20 minut. Dodajte baziliko in peteršilj.

4. Na delovno površino položite nekaj kuhinjskih brisač, ki ne puščajo vlaken. Pripravite veliko skledo hladne vode. Najmanj 4 litre vode zavremo. Dodajte 2 žlici soli. Trakove za lazanjo kuhajte po nekaj kosov naenkrat. Odstranite trakove čez minuto ali ko so še čvrsti. Postavite jih v posodo z vodo, da se ohladijo. Nato jih položite na brisače. Ponovimo, na enak način skuhamo in ohladimo preostale testenine; Brisače lahko zložite eno na drugo.

5. Rahlo namastite 13 × 9 × 2-palčni pekač za lazanjo. Pekač namažemo s tanko plastjo omake.

6. Naredite plast testenin, tako da kose rahlo prekrivate. Premažemo s tanko plastjo omake, nato rezine jajčevcev, mocarelo in nariban sir. Ponovite plasti, zaključite s testeninami, paradižnikovo omako in naribanim sirom. (Lahko pripravite do 24 ur vnaprej. Pokrijte s plastično folijo in ohladite. Vzemite iz hladilnika približno 1 uro pred peko.)

7. Pečico segrejte na 375 ° F. Pečemo 45 minut. Če se lazanja preveč zapeče, jo ohlapno pokrijemo z aluminijasto folijo. Pečemo še 15 minut oziroma dokler vrh ne postane zlato rjav in omaka po robovih brbota. Odstranite iz pečice in pustite počivati 15 minut, preden postrežete. Za serviranje narežite na kvadratke.

Rikota in kaneloni s šunko

Kaneloni s pršutom

Za 8 obrokov

Ricotta pomeni "prekuhano". Ta sveži sir je izdelan v Italiji iz sirotke kravjega ali ovčjega mleka, vodene tekočine, ki ostane po izdelavi čvrstega sira, kot je pecorino. Ko se sirotka segreje, preostale trdne snovi koagulirajo. Po odcejanju se skuta spremeni v mehak sir, ki ga poznamo kot rikoto. Italijani ga jedo kot zajtrk ali sladico s sirom in v številnih testeninah. To so južnoitalijanski kaneloni, polnjeni z rikoto in narezanim pršutom. K testeninam lahko uporabite katero koli od paradižnikovih omak, če pa imate raje bolj bogato jed, jo lahko nadomestite z mesnim ragujem.

1 receptSveže testenine z jajci, narežemo na 4-palčne kvadrate za kanelone

>1 recept (približno 3 skodelice)sveža paradižnikova omakabodisiToskanska paradižnikova omaka

Sol

1 funt sveže mocarele

1 posoda (16 unč) cele rikote ali rikote z nizko vsebnostjo maščob

1/2 skodelice sesekljanega uvoženega italijanskega pršuta (približno 2 unči)

1 veliko jajce, pretepljeno

3/4 skodelice sveže naribanega parmigiano-reggiana

Sveže mleti črni poper

1. Pripravite testenine in omako. Na ravno površino položite nekaj kuhinjskih brisač, ki ne puščajo vlaken. Pripravite veliko skledo hladne vode. Približno 4 litre vode zavrite. Solimo po okusu. Kvadratke testenin dodajte po nekaj kosov naenkrat. Testenine skuhajte, dokler niso mehke, vendar rahlo premalo kuhane. Testenine vzemite iz vode in jih položite v hladno vodo. Ko se dovolj ohladijo, položite liste testenin na brisače, ki jih lahko zložite eno na drugo. Na enak način nadaljujte s kuhanjem in ohlajanjem preostalih testenin.

2. V veliki skledi zmešajte mocarelo, rikoto, pršut, jajce in 1/2 skodelice parmigiana. Dobro premešamo in po okusu dodamo sol in poper.

3. Na dno velikega pekača položimo tanko plast omake. Na en konec vsakega kvadrata testenin razporedite približno 2 žlici nadeva. Testenine zvijte, začnite na napolnjenem koncu, in jih položite z licem navzdol v pripravljen pekač.

4. Testenine prelijemo s tanko plastjo omake. Potresemo s preostalim parmigianom.

5. Na sredino pečice postavite rešetko. Pečico segrejte na 375 ° F. Pecite 30 minut ali dokler omaka ne začne brbotati in se siri stopijo. Postrezite toplo.

Goveji in špinačni kaneloni

Vitello e Spinaci cannelloni

Za 8 obrokov

Kaneloni se vedno zdijo tako elegantni, vendar so ene najlažjih polnjenih testenin, ki jih je mogoče pripraviti doma. Ta klasična piemontska različica je običajno narejena iz ostankov pečenke ali dušene teletine. To je moja različica recepta Giorgia Rocca, lastnika Il Giardino da Felicin, prijetne gostilne in restavracije v Monforte d'Alba.

   3 do 4 skodelice<u>Bešamel omaka</u>

1 funt sveže špinače

2 žlici nesoljenega masla

2 funta govejega mesa brez kosti, narezanega na 2-palčne kose

2 srednje velika korenčka, sesekljana

1 nežno rebro zelene, sesekljano

1 srednja sesekljana čebula

1 drobno sesekljan strok česna

Sol in sveže mlet črni poper

Ščepec sveže mletega muškatnega oreščka

1 1/2 skodelice sveže naribanega parmigiano-reggiana

1 1/2 funtaSveže testenine z jajci, narežemo na 4-palčne kvadrate za kanelone

1. Pripravite bešamel.

2. Špinačo postavite v velik lonec na srednji ogenj s 1/4 skodelice vode. Pokrijte in kuhajte 2 do 3 minute ali dokler se ne zmehča in zmehča. Odcedimo in ohladimo. Špinačo zavijte v krpo, ki ne pušča vlaken, in iz nje iztisnite čim več vode. Špinačo drobno sesekljajte.

3. V veliki ponvi stopite maslo na srednje nizkem ognju. Dodajte govedino, korenje, zeleno, čebulo in česen. Po okusu začinimo s soljo in poprom ter ščepcem muškatnega oreščka. Pokrijte in med občasnim mešanjem kuhajte, dokler meso ni zelo mehko, približno 1 uro. Če meso postane suho, dodajte malo vode. Naj se ohladi. Na deski za rezanje z velikim nožem ali v

kuhinjskem robotu mešanico zelo drobno sesekljajte. Meso in špinačo damo v skledo in dodamo 1 skodelico bešamela in 1 skodelico parmigiana. Dobro premešajte in začinite po okusu.

4. Medtem pripravimo testenine. Na ravno površino položite nekaj kuhinjskih brisač, ki ne puščajo vlaken. Pripravite veliko skledo hladne vode. Približno 4 litre vode zavrite. Dodajte 2 žlici soli. Kvadratke testenin dodajte po nekaj kosov naenkrat. Testenine skuhajte, dokler niso mehke, vendar rahlo premalo kuhane. Testenine odstranite iz vode in jih položite v hladno vodo. Ko se dovolj ohladijo, položite liste testenin na brisače, ki jih lahko zložite eno na drugo. Na enak način nadaljujte s kuhanjem in ohlajanjem preostalih testenin.

5. Polovico preostalega bešamela v tanki plasti naložimo v večji pekač. Razporedite približno dve žlici nadeva na en konec vsakega testeninskega kvadrata in zvijte, začenši z napolnjenim koncem. Zvitek testenin položite s šivom navzdol v pripravljen pekač. Ponovite s preostalimi testeninami in nadevom, tako da zvitke položite skupaj v ponev. Prelijemo s preostalo omako in potresemo s preostalo 1/2 skodelice Parmigiana. (Lahko pripravite do 24 ur vnaprej. Pokrijte s

plastično folijo in ohladite. Vzemite iz hladilnika približno 1 uro pred peko.)

6.Na sredino pečice postavite rešetko. Pečico segrejte na 375 ° F. Pecite 30 minut ali dokler se kaneloni ne segrejejo in rahlo porjavijo. Postrezite toplo.

Zeleni in beli kaneloni

Cannelloni alla Parmigiana

Za 8 obrokov

Če obiščete regijo Emilia-Romagna, se obvezno ustavite v Parmi. To majhno, elegantno mesto, rojstno mesto velikega dirigenta Artura Toscaninija, slovi po odlični kulinariki. Številne mestne stavbe so pobarvane v sončno rumeno, znano kot parmsko zlato. Parma ima veliko dobrih restavracij, kjer lahko poskusite odlične ročno valjane testenine, staran Parmigiano-Reggiano in najboljši balzamični kis. Te kanelone sem jedel v Angiol d'Or, klasični restavraciji v Parmi.

1 funtSveže špinačne testenine, narežemo na 4-palčne kvadrate za kanelone

    2 skodeliciBešamel omaka

8 unč sveže narezane špinače

Sol

1 funt cele ali delno posnete rikote

2 veliki jajci, rahlo stepeni

1 1/2 skodelice sveže naribanega parmigiano-reggiana

1/4 čajne žličke sveže naribanega muškatnega oreščka

Sveže mleti črni poper

4 unče Fontina Valle d'Aosta, grobo naribane

1. Pripravite testenine in bešamel. Špinačo postavite v velik lonec na srednji ogenj s 1/4 skodelice vode. Pokrijte in kuhajte 2 do 3 minute ali dokler se ne zmehča in zmehča. Odcedimo in ohladimo. Špinačo zavijte v krpo, ki ne pušča vlaken, in iz nje iztisnite čim več vode. Špinačo drobno sesekljajte.

2. Na ravno površino položite nekaj kuhinjskih brisač, ki ne puščajo vlaken. Pripravite veliko skledo hladne vode. Približno 4 litre vode zavrite. Dodajte 2 žlici soli. Kvadratke testenin dodajte po nekaj kosov naenkrat. Testenine skuhajte, dokler niso mehke, vendar rahlo premalo kuhane. Testenine odstranite iz vode in jih položite v hladno vodo. Ko se dovolj ohladijo, položite liste testenin na brisače, ki jih lahko zložite

eno na drugo. Na enak način nadaljujte s kuhanjem in ohlajanjem preostalih testenin.

3. Zmešajte špinačo, rikoto, jajca, 1/2 skodelice parmigiana, muškatni oreček ter sol in poper po okusu. Dodajte fontino.

4. Na sredino pečice postavite rešetko. Pečico segrejte na 375 ° F. 13 × 9 × 2-palčni pekač premažite z maslom.

5. Razporedite približno 1/4 skodelice nadeva na en konec vsakega kvadrata testenin. Zvijte testenine, začnite pri napolnjenem koncu. Kanelone položite v pekač z robom navzdol.

6. Omako premažemo po testeninah. Potresemo s preostalo 1 skodelico Parmigiana. Pečemo 20 minut ali dokler ne postanejo rahlo zlate.

Kaneloni s pehtranom in pecorinom

Ricotta kaneloni z Dragoncellom

Za 6 obrokov

Pehtran s svojim blagim okusom sladkega korena se v Italiji ne uporablja veliko, razen občasno v Umbriji in Toskani. Svež pehtran je bistvenega pomena za ta recept, saj bi bil posušen pehtran preveč odločen. Če ne najdete svežega pehtrana, ga nadomestite s svežo baziliko ali peteršiljem.

Ti umbrijski kaneloni so narejeni iz ovčjega sira, kot Pecorino Romano, lahko pa ga nadomestite s Parmigiano-Reggiano. Kljub siru, oreščkom in testeninam se ti kaneloni zdijo lahki kot zrak.

½ recepta (približno 8 unč)Sveže testenine z jajci, narežemo na 4-palčne kvadrate za kanelone

Sol

1 funt cele ali delno posnete rikote

½ skodelice sveže mletega Pecorina Romana ali nadomestka Parmigiano-Reggiano

1 stepeno jajce

1 žlica sesekljanega svežega pehtrana ali bazilike

1 1/4 čajne žličke mletega muškatnega oreščka

2 žlici nesoljenega masla

1 1/4 skodelice ekstra deviškega oljčnega olja

1 1/4 skodelice pinjol

1 žlica pehtrana ali bazilike

Sveže mleti črni poper

2 žlici sveže naribanega pecorina romana

1. Pripravite testenine. Najmanj 4 litre vode zavremo. Dodamo polovico testenin in solimo po okusu. Nežno premešamo. Med pogostim mešanjem kuhajte na močnem ognju, dokler niso testenine mehke, a rahlo kuhane. Za odstranitev paste uporabite žlico z režami. Testenine prestavimo v skledo s hladno vodo. Na enak način skuhamo preostale testenine.

2. V veliki skledi zmešajte sire, jajce, pehtran in muškatni oreček.

3. Na sredino pečice postavite rešetko. Pečico segrejte na 350 ° F. Velik pekač premažite z maslom.

4. Odcedite nekaj testenin na brisačah, ki ne puščajo vlaken. Razporedite približno 2 žlici nadeva v vrsti na en konec vsakega kvadrata testenin. Testenine zvijte, začnite na napolnjenem koncu, in jih s šivi navzdol položite v ponev. Ponovite s preostalimi testeninami in nadevom.

5. V majhni kozici na zmernem ognju stopite maslo z olivnim oljem. Dodamo pinjole, pehtran in poper. Z omako prelijemo kanelone. Potresemo s sirom.

6. Kanelone pecite 20 do 25 minut oziroma dokler omaka ne zavre mehurčkov. Pred serviranjem pustite počivati 5 minut.

Sirni ravioli s svežo paradižnikovo omako

Ravioli alla Ricotta

Za 8 obrokov

Trgovine s kuhinjsko posodo prodajajo vse vrste opreme za pripravo raviolov. Imam kovinsko napravo v obliki pladnja, ki na liste testenin vtisne vrsto trebuščkov, ki držijo nadev, nato pa se obrne, da zapre in razreže popolne raviole na dve velikosti. Imam lepe medeninaste in lesene štampiljke, ki sem jih kupil v Parmi za izrezovanje kvadratov in krogov. Potem sta tu še pameten lesen valjar, ki reže raviole, če nanj pritisnete s Herkulovo silo, in rezalnik za raviole, ki je bil priložen mojemu strojčku za testenine z ročnim pogonom. Čeprav sem vse poskusil, jih nikoli ne uporabim. Raviole je najlažje pripraviti ročno z minimalno opremo. Kolešček za pecivo z nagubanimi robovi jim daje lep rob, čeprav jih lahko narežete tudi z ostrim nožem ali kolescem za pico.

To je osnovni recept za raviole, polnjene s sirom, saj jih izdelujejo v mnogih regijah Italije.

1 funt cele ali delno posnete rikote

4 unče sveže mocarele, naribane ali zelo drobno sesekljane

1 veliko jajce, pretepljeno

1 skodelica sveže naribanega Parmigiano-Reggiano ali Pecorino Romano

2 žlici sesekljanega svežega peteršilja

Sol in sveže mlet črni poper po okusu.

4 skodelice<u>sveža paradižnikova omaka</u>

1 funtSveže testenine z jajci, raztegnite in narežite na 4-palčne trakove

1. Zmešajte rikoto, mocarelo, jajce, 1/2 skodelice parmigiana, peteršilj ter sol in poper po okusu. Pokrijte in ohladite.

2. Pripravite omako in testenine. 2 ali 3 velike pekače potresemo z moko. Postavite majhno skledo, napolnjeno s hladno vodo.

3. Trak testa položite na rahlo pomokano površino. Prepognite ga na pol po dolžini, da označite sredino, nato pa ga razgrnite. Začnite približno 1 cm od enega od krajših koncev in položite

čajne žličke nadeva približno 1 cm narazen v ravni vrsti navzdol po eni strani pregiba. Okoli nadeva rahlo namažite s hladno vodo. Testo prepognemo na strani z nadevom. Iztisnite morebitne zračne mehurčke in zaprite robove. Z nagubanim kolescem za pecivo ali ostrim nožem zarežite med s testom pokrite kupe nadeva. Raviole ločite in s hrbtno stranjo vilic trdno pritisnite na robove, da se zaprejo. Raviole položite v eno plast na pekač.

4. Ponovite s preostalim testom in nadevom. Pokrijte z brisačo in ohladite, dokler ni pripravljen za kuhanje ali do 3 ure, pri čemer kose večkrat obrnite, da se ne primejo ponve. (Za daljše shranjevanje raviole zamrznite na pekaču, dokler niso čvrsti. Položite jih v trdno plastično vrečko in tesno zaprite. Shranjujte v zamrzovalniku do enega meseca. Pred kuhanjem jih ne odtajajte.)

5. Tik preden postrežemo, v velikem loncu zavremo približno 4 litre vode. Medtem v srednji ponvi segrevajte omako na majhnem ognju. V toplo servirno skledo prelijemo nekaj omake.

6. Znižajte ogenj pod loncem za testenine, da voda nežno vre. Dodajte raviole in kuhajte, dokler se ne zmehčajo, 2 do 5

minut, odvisno od debeline raviolov in tega, ali so zamrznjeni ali ne. Raviole odstranite iz lonca z žlico z režami. Dobro odcedite.

7. Raviole položite v servirno skledo. Prelijemo s preostalo omako. Potresemo s preostalo 1/2 skodelice sira in takoj postrežemo.

Ravioli s sirom in špinačo na parmanski način

Tortelli alla Parmigiana

Za 8 obrokov

Medtem ko so ravioli, polnjeni z rikoto, verjetno najbolj priljubljeni v Italiji, je priljubljena tudi podobna različica s kuhano zelenjavo. Med zelenjavo se najpogosteje uporablja špinača ali blitva, odvisno od regije pa tudi endivija, regrat, rdeča pesa in boraga.

V tem parmskem receptu mascarpone nadomesti nekaj rikote, blitva pa je tipična zelena. Včasih je bila tradicija, da so jih postregli za god sv. Janeza, 21. junija. Upoštevajte, da jih Parmigiani imenujejo tortelli.

1 funt sveže špinače ali blitve, brez stebel

Sol

1 skodelica cele ali delno posnete rikote

1 skodelica maskarponeja (ali dodatna skodelica rikote)

1 veliko jajce, pretepljeno

1 skodelica sveže naribanega parmigiano-reggiana

Ščepec sveže mletega muškatnega oreščka

Sveže mleti črni poper

1 receptSveže testenine z jajci, raztegnite in narežite na 4-palčne trakove

8 žlic (1 palčka) nesoljenega masla

1. Zelenjavo dajte v velik lonec z 1/2 skodelice vode in soljo po okusu. Pokrijte in kuhajte na srednje nizkem ognju, dokler zelenjava ni mehka in nežna, približno 5 minut. Odcedimo in ohladimo. Zelenjavo zavijte v kuhinjsko krpo, ki ne pušča vlaken, ali kos gaze in jo z rokami stisnite, da iztisnete ves sok. Zelenjavo drobno sesekljajte.

2. V veliki skledi zmešajte sesekljano zelenjavo, rikoto, mascarpone, če ga uporabljate, jajce, 1/2 skodelice naribanega sira, muškatni oreščck ter sol in poper po okusu.

3. Pripravite testenine. Pripravite in skuhajte raviole, kot je opisano v receptu.Ravioli s sirom, koraki od 2 do 6.

4. Medtem ko se ravioli kuhajo, na srednjem ognju stopimo maslo. V servirno skledo vlijemo polovico masla. Dodajte raviole in preostalo stopljeno maslo.

5. Potresemo s preostalo 1/2 skodelice parmigiana in takoj postrežemo.

Zimski bučni ravioli z maslom in mandlji

Tortelli di Zucca al Burro e Mandorle

Za 8 obrokov

Jeseni in pozimi, ko je na trgu veliko zimskih buč, kuharji v Lombardiji in Emiliji-Romanji pripravljajo te rahlo sladke raviole s poudarjenim mandljevim okusom piškotov amaretti. Recept je zelo star, najverjetneje iz obdobja renesanse, ko so se med obedom na plemiških mizah pogosto pojavljale sladke jedi kot znak bogastva.

Nekateri recepti zahtevajo, da bučni mešanici dodate žlico odcejene in drobno narezane mostarde (sadeži, konzervirani v pikantnem gorčičnem sirupu). Praženi mandlji dajo prelivu hrustljav pridih.

Približno 2 funta maslene orehove ali buče Hubbard

1 1/4 skodelice sveže naribanega Parmigiano-Reggiano

1/4 skodelice drobno zdrobljenih piškotov amaretti

1 veliko jajce

1 1/4 čajne žličke mletega muškatnega oreščka

Sol po okusu

1 funt<u>Sveže testenine z jajci</u>, raztegnite in narežite na 4-palčne trakove

1 palčka (4 unče) nesoljenega masla

2 žlici sesekljanih praženih mandljev

1. Na sredino pečice postavite rešetko. Pečico segrejte na 400 ° F. Namastite majhen pekač. Bučo prerežemo na pol in ji odstranimo semena in vlakna. Polovičke položimo s prerezano stranjo navzdol v pekač. Pečemo 1 uro ali dokler se ne zmehčajo, ko jih prebodemo z nožem. Naj se ohladi.

2. Odstranite meso s kože. Meso pretlačimo skozi mlinček za živila s finim rezilom ali ga pretlačimo v kuhinjski robot ali mešalnik. Dodajte 3/4 skodelice sira, amaretti, jajce, muškatni oreček in sol. Okusite za začimbo.

3. Pripravite testenine. Pripravite in skuhajte raviole, kot je opisano v receptu.<u>Ravioli s sirom</u>, koraki od 2 do 6.

4. Medtem ko se ravioli kuhajo, na srednjem ognju stopimo maslo. V toplo servirno skledo vlijemo polovico masla. Dodajte raviole in preostalo stopljeno maslo. Zmešajte jih z mandlji. Potresemo s preostalo 1/2 skodelice sira. Postrezite takoj.

Mesni ravioli s paradižnikovo omako

Agnolotti v Pomodoro omaki

Za 8 do 10 obrokov

Italijanski kuharji pri pripravi mesnega nadeva za sveže testenine redko začnejo iz nič. Običajno se ostanki enolončnice ali pečenke nasekljajo in navlažijo z mesnim sokom. Nadevu lahko dodamo sir, kuhano zelenjavo ali drobtine, zmes pa premešamo s stepenimi jajci. Ker nimam vedno na voljo ostankov za nadev raviolov, pripravim to enostavno enolončnico kot nadev za raviole.

   3 skodelice<u>Toskanska paradižnikova omaka</u>

2 žlici nesoljenega masla

1 funt mlete govedine ali teletine

1 piščančja prsa brez kosti in kože, narezana na 1-palčne kose

1 srednja sesekljana čebula

1 srednje velik korenček, sesekljan

1 manjše rebro zelene, sesekljane

1 drobno sesekljan strok česna

Sol in sveže mlet črni poper

1 1/2 skodelice suhega belega vina

1 skodelica Parmigiano-Reggiano ali Pecorino Romano

2 velika rumenjaka

1 funt<u>Sveže testenine z jajci</u>, raztegnite in narežite na 4-palčne trakove

1. Pripravite omako. Nato v veliki ponvi na srednjem ognju stopite maslo. Dodajte govedino in piščanca ter kuhajte, dokler meso ni več rožnato, z žlico razdrobite grudice mlete govedine.

2. Dodajte čebulo, korenje, zeleno in česen. Med pogostim mešanjem kuhajte 10 minut oziroma dokler se zelenjava ne zmehča. Po okusu začinimo s soljo in poprom.

3. Prilijemo vino in dušimo 1 minuto. Ponev pokrijemo in zmanjšamo ogenj na nizko. Kuhajte 1 uro in pol ali dokler meso ni zelo mehko. V ponev dodajte malo vode, če zmes postane presuha. Odstranite z ognja in pustite, da se ohladi.

4. Mesno mešanico strgajte v kuhinjski robot ali sekljalnik hrane. Meso sesekljajte ali meljite, dokler ni fino zmleto, vendar ne pastasto. Mesno mešanico prenesite v skledo.

5. Mesni mešanici dodajte 1/2 skodelice naribanega sira in dobro premešajte. Okusite za začimbo. Dodamo rumenjake.

6. Pripravite testenine. Pripravite in skuhajte raviole, kot je opisano v receptu.<u>Ravioli s sirom</u>, koraki od 2 do 6. Postrezite vroče z omako in potresite s preostalo 1/2 skodelice sira.

Ravioli s toskansko klobaso

Tortelli Casetinese

Za 8 obrokov

Tortelli*je drugo ime za raviole, ki se pogosto uporablja v Toskani in Emiliji-Romanji. Ti torteli, polnjeni s svinjsko klobaso, so narejeni v slogu predela Casentino v Toskani, regiji, ki je znana tudi po čudovitih izdelkih iz volne.*

   3 skodelice<u>Toskanska paradižnikova omaka</u>

1 strok česna, zelo drobno sesekljan

2 žlici olivnega olja

1 funt italijanske svinjske klobase brez kože

2 veliki jajci

2 žlici paradižnikove paste

1 skodelica sveže naribanega pecorina romana

1/4 skodelice suhih drobtin

2 žlici sesekljanega svežega peteršilja

Ščepec sveže naribanega muškatnega oreščka

Sol in sveže mlet črni poper

1 funt<u>Sveže testenine z jajci</u>, raztegnite in narežite na 4-palčne trakove

1. Pripravite omako. Nato v veliki ponvi na srednjem ognju na olju kuhajte česen 1 minuto. Dodamo meso klobase in med pogostim mešanjem kuhamo toliko časa, da se meso skuha. Meso klobase prestavimo na desko za rezanje in drobno nasekljamo.

2. V veliki skledi stepajte jajca, dokler se ne zmešajo. Stepite paradižnikovo pasto. Dodajte meso klobase, 1/2 skodelice sira, krušne drobtine, muškatni oreščhek ter sol in poper po okusu.

3. Pripravite testenine. Pripravite in skuhajte raviole, kot je opisano v receptu.<u>Ravioli s sirom</u>, koraki od 2 do 6. Prelijte omako in takoj postrezite s preostalo 1/2 skodelice naribanega sira.

Začinjeni ravioli, pohodniško

Marchegiana ravioli

Za 8 obrokov

Kuharji iz regije Marche na jadranski obali so znani po spretni uporabi začimb v slanih jedeh. Ti ravioli, na primer, narejeni iz različne zelenjave in sira, so aromatizirani z limonino lupinico, cimetom in muškatnim oreščkom. Postrezite jih z<u>Ragú v slogu marševa</u>li preprosto<u>Omaka iz masla in žajblja</u>.

Približno 4 skodelice<u>Ragú v slogu maršev</u>

12 unč mešanega zelenja, kot so špinača, blitva, radič ali regrat

1 skodelica cele ali delno posnete rikote

1 veliko jajce, preteplejno

1 skodelica naribanega parmigiano-reggiana

1 čajna žlička limonine lupinice

Ščepec naribanega muškatnega oreščka

Ščepec mletega cimeta

Sol in sveže mlet črni poper

1 funt<u>Sveže testenine z jajci</u>, raztegnite in narežite na 4-palčne trakove

1. Pripravite ragù. Nato postavite špinačo v velik lonec na srednji ogenj s 1/4 skodelice vode. Pokrijte in kuhajte 2 do 3 minute ali dokler se ne zmehča in zmehča. Odcedimo in ohladimo. Špinačo zavijte v krpo, ki ne pušča vlaken, in iz nje iztisnite čim več vode. Špinačo drobno sesekljajte.

2. V veliki skledi zmešajte rikoto, jajce, 1/2 skodelice sira, limonino lupinico, muškatni orešček, cimet ter sol in poper po okusu.

3. Pripravite testenine. Pripravite in skuhajte raviole, kot je opisano v receptu.<u>Ravioli s sirom</u>, koraki od 2 do 6. Raviole prenesite v servirno skledo. Prelijemo z omako in takoj postrežemo s preostalo 1/2 skodelice sira.

Ravioli z gobami v maslu in žajblju

Agnolotti ai Funghi

Za 8 obrokov

Kombinacija gob in majarona je značilna za Ligurijo, od koder izvira ta recept. Bele gobe so v redu kot nadev za te raviole, a za poseben okus dodajte nekaj gozdnih gob v nadev.

3 žlice nesoljenega masla

1 žlica olivnega olja

1 funt svežih gob, narezanih na tanke rezine

1 čajna žlička svežega majarona ali timijana ali ščepec posušenega

Sol in sveže mlet črni poper

1 1/2 skodelice cele ali delno posnete rikote

1 skodelica sveže naribanega parmigiano-reggiana

1 rumenjak

1 funt<u>Sveže testenine z jajci</u>, raztegnite in narežite na 4-palčne trakove

1/2 skodelice<u>Omaka iz masla in žajblja</u>

1. V veliki ponvi na zmernem ognju stopite maslo z oljem. Dodamo gobe, majaron ter sol in poper po okusu. Med občasnim mešanjem kuhajte, dokler se gobe ne zmehčajo in sok izhlapi. Naj se ohladi.

2. Gobe prestavimo v kuhinjski robot in jih drobno sesekljamo. Dodajte rikoto in 1/2 skodelice parmigiana ter začinite po okusu. Dodajte rumenjaka.

3. Pripravite testenine. Pripravite in skuhajte raviole, kot je opisano v receptu.<u>Ravioli s sirom</u>, koraki od 2 do 6.

4. Medtem pripravimo omako. Polovico omake prelijemo v toplo servirno skledo. Dodamo kuhane raviole. Prelijemo s preostalo omako in potresemo s preostalo 1/2 skodelice Parmigiano-Reggiano. Postrezite takoj.

Velikanski ravioli s tartufovim maslom

Ravioloni al Tuorlo d'Uovo

Za 4 porcije

Eden od teh izjemno velikih, izjemno bogatih raviolov je dovolj, da ga postrežete kot prvo jed. Prvič sem si ga privoščil pred temi leti v restavraciji San Domenico v Imoli, ki jo je ustanovil veliki chef Nino Bergese, znan po kreativnem pristopu k klasični italijanski kuhinji.

To je zelo nenavaden recept. Sveže jajčne testenine polnimo s kolobarjem rikote, povaljanim okoli rumenjaka. Ko raviolo prerežemo, rahlo kuhan rumenjak izstopi in se pomeša z masleno omako. V San Domenicu so raviolone prelili s tanko naribanimi svežimi belimi tartufi. Toplota testenin in omake je poudarila njihov okus in aromo. Učinek je bil izjemen in vedno si ga bom zapomnil kot eno najbolj okusnih stvari, kar sem jih jedel.

Čeprav se morda zdijo nekoliko zapleteni, so ti ravioli pravzaprav zelo preprosti za pripravo in zelo impresivni za postrežbo. Za najboljše rezultate sestavite raviole tik pred kuhanjem. Tartufe lahko nadomestite s sveže naribanimi kosmiči Parmigiano-

Reggiano. Večina tartufovih olj ima umetno aromo, zato se jih izogibam.

1 funt<u>Sveže testenine z jajci</u>, raztegnjen in razrezan na štiri 8 × 4-palčne trakove

1 skodelica cele ali delno posnete rikote

2 žlici sveže naribanega parmigiana-reggiana

Ščepec mletega muškatnega oreščka

Sol in sveže mlet črni poper

4 velika jajca

1 1/2 skodelice nesoljenega masla, stopljenega

Svež beli ali črni tartuf ali velik kos Parmigiano-Reggiano

1. Pripravite testenine. Nato primešamo rikoto in nariban sir, muškatni oreščček ter sol in poper po okusu. Nadev postrgajte v slaščičarsko vrečko s 1/2-palčno konico ali v trdno plastično vrečko in odrežite en vogal, da ustvarite 1/2-palčno odprtino.

2. Preostale testenine naj bodo pokrite in položite en trak na pult. Trak prepognite na polovico navzkrižno, nato ga razgrnite, da prepognete sredino. Pustite 1/2-palčno obrobo naokoli in položite krog sirne mešanice na pecivo na eni strani pregiba. Ločite eno jajce, beljak pa pustite na strani za drugo uporabo. Rumenjak previdno spustimo v sredino kroga. Sir rahlo namažite s hladno vodo. Čez nadev prepognemo drugo polovico testenin. Z vilicami stisnite robove peciva, da se zaprejo. Ponovite s preostalimi testeninami in nadevom.

3. Najmanj 2 litra vode zavremo. Znižajte ogenj, dokler voda ne zavre. Solimo po okusu. Raviole previdno položite v vodo in kuhajte, dokler se testenine ne zmehčajo, približno 3 minute.

4. Na vsakega od 4 ogretih servirnih krožnikov vlijemo malo masla. Raviole enega za drugim odstranite z žlico z režami. Na vsak krožnik položimo po en raviolo in prelijemo s preostalim maslom. Z vrtljivim rezilom za lupljenje zelenjave po vrhu narežite tanke rezine tartufa, če ga uporabljate, ali kosmičev parmigiana. Postrezite takoj.

Pesni ravioli z makom

Casunziei di Barbabietole Rosse

Za 8 obrokov

V Venetu je za božič tradicionalno postreči te čudovite raviole. Všeč mi je, kako se nadev iz rdeče pese kaže skozi testenine kot nežna rdečica. Ti ravioli so značilni za Cortino d'Ampezzo, svetovno znano smučišče v severnem alpskem delu regije. Mak v omaki odraža vpliv bližnje Avstrije. Makova semena pri toplih sobnih temperaturah hitro izgubijo svežino, zato jih povonjajte, da se prepričate, da niso žarke. Mak hranite v tesno zaprti posodi v hladilniku ali zamrzovalniku.

4 srednje velike pese, obrezane in očiščene

1 1/2 skodelice cele ali delno posnete rikote

1 skodelica sveže naribanega parmigiano-reggiana

2 žlici suhih drobtin

Sol in sveže mlet črni poper

1 funt<u>Sveže testenine z jajci</u>, raztegnite in narežite na 4-palčne trakove

8 žlic (1 palčka) nesoljenega masla

1 žlica makovih semen

1. Peso dajte v srednje veliko ponev s hladno vodo, da je pokrita. Pustite vreti in kuhajte, dokler se ne zmehča, ko ga prebodete z nožem, približno 30 minut. Odcedimo in ohladimo.

2. Peso olupimo in narežemo na koščke. Damo jih v kuhinjski robot in drobno sesekljamo. Dodajte rikoto, 1/2 skodelice Parmigiano-Reggiano, krušne drobtine ter sol in poper po okusu. Obdelujte le toliko časa, da se zmeša, vendar je še vedno malo trden.

3. Pripravite testenine. Pripravite in skuhajte raviole, kot je opisano v receptu.<u>Ravioli s sirom</u>, Koraki od 2 do 6.

4. Medtem raztopimo maslo z makom in ščepcem soli. V toplo servirno skledo vlijemo polovico masla. Prenesite raviole v skledo. Preostalo omako prelijte po raviolih in potresite s preostalo 1/2 skodelice Parmigiano-Reggiano. Postrezite takoj.

Testeninski kolobarji polnjeni z mesom v smetanovi omaki

Tortelini alla Panna

Za 8 obrokov

Po romantični legendi je te obročaste žepke za testenine izumil kuhar, ki je vohunil za boginjo Venero v njeni kopalnici. Navdihnjen z njeno lepoto je ustvaril testenine v obliki njenega popka. Druge različice zgodbe pravijo, da je bila lepotica Caterina di Medici. Ne glede na navdih, ki stoji za njimi, so postreženi čudovito plavajoči v bogati goveji ali piščančji juhi ali v preprosti smetanovi ali masleni omaki. Vse več kot to bi bilo pretiravanje.

4 žlice nesoljenega masla

4 unče svinjski hrbet brez kosti, narezan na 1-palčne kocke

4 unče uvoženega italijanskega pršuta

4 unče mortadele

1 1/2 skodelice sveže naribanega parmigiano-reggiana

1 veliko jajce

¼ žličke sveže mletega muškatnega oreščka

1 funt<u>Sveže testenine z jajci</u>, raztegnite in narežite na 4-palčne trakove

1½ skodelice stepene ali težke smetane

Sol

1. V majhni ponvi na srednjem ognju stopite 2 žlici masla. Dodajte svinjino in kuhajte, občasno premešajte, dokler ni kuhana, približno 20 minut. Naj se ohladi.

2. Svinjino, pršut in mortadelo zelo fino zmeljemo v sekljalniku ali mlinčku za meso. Meso prenesite v skledo. Dodajte 1 skodelico Parmigiano-Reggiano, jajce in muškatni oreščec.

3. 2 ali 3 velike pekače obložite z brisačami, ki ne puščajo vlaken. Brisače potresemo z moko.

4. Pripravite testenine. Delajte z enim kosom naenkrat, ostale naj bodo pokrite.

5. Testenine narežite na 2-palčne kvadrate. Na vsak kvadrat položite približno 1/2 čajne žličke nadeva. Testo prepognemo

čez nadev, da oblikujemo trikotnik. Trdno stisnite robove skupaj, da se zaprejo. Delajte hitro, da se testo ne izsuši.

6. Združite dve nasprotni točki trikotnika, da oblikujete krog. Stisnite konce, da zaprete. Oblikovane torteline položimo na pekač, medtem ko na enak način pripravimo ostalo testo in nadev.

7. Torteline hladite do nekaj ur ali čez noč, kose občasno obrnite. (Za daljše shranjevanje zamrznite na pekaču za 1 uro ali dokler se ne strdi, nato prenesite v odporne plastične vrečke in shranite v zamrzovalniku do enega meseca. Pred kuhanjem ne odtajajte.)

8. Za pripravo omake stopite preostali 2 žlici masla s smetano in ščepcem soli v ponvi, ki je dovolj velika, da sprejme vse testenine. Zavremo in kuhamo 1 minuto ali dokler se rahlo ne zgosti.

9. V velikem loncu zavremo vsaj 4 litre vode. Dodamo torteline in solimo po okusu. Občasno premešajte, dokler voda ponovno ne zavre. Ogenj zmanjšamo, da voda rahlo vre. Kuhajte 3 minute ali dokler ni rahlo kuhano. Dobro odcedite.

10. Torteline stresemo v ponev s smetano in nežno premešamo. Dodajte preostalo 1/2 skodelice Parmigiano-Reggiano in ponovno premešajte. Postrezite takoj.

Krompirjeva tortelija z ragujem iz klobas

Tortelli di Patate al Ragù di Salsiccia

Za 6 do 8 obrokov

Krompirjev pire z okusom Parmigiano-Reggiano polni sveže testeninske kolobarje v južni Emiliji-Romanji in severni Toskani. Namesto kvadratov, kot v<u>Testeninski kolobarji polnjeni z mesom v smetanovi omaki</u>receptu, ti se začnejo kot krogi testa in se nato oblikujejo v kolobarje. Postrezite jih z okusno<u>klobasa ragu</u>, ali pa samo uživajte z njimi<u>Omaka iz masla in žajblja</u>.

    4 1/2 skodelice<u>klobasa ragu</u>

3 napol kuhani krompirji

2 žlici nesoljenega masla, pri sobni temperaturi

1 skodelica sveže naribanega parmigiano-reggiana

1/8 čajne žličke sveže naribanega muškatnega oreščka

Sol in sveže mlet črni poper

1 funt<u>Sveže testenine z jajci</u>, raztegnite in narežite na 4-palčne trakove

1. Pripravite ragù. Nato cel krompir položite v lonec s hladno vodo, da je pokrit. Pustite vreti in kuhajte, dokler se krompir ne zmehča, ko ga prebodete z nožem, približno 20 minut. Odcedimo in ohladimo.

2. Krompir olupimo in pretlačimo z mlinčkom za živila ali ricinusovo maso do gladkega. Dodajte maslo, 1/2 skodelice sira, muškatni oreščk ter sol in poper po okusu.

3. Dva pekača potresemo z moko.

4. Pripravite testenine. S pomočjo 2-palčnega okroglega modela za piškote ali piškote ali majhnega kozarca izrežite testo v kroge. Na eno stran vsakega kroga položite žličko nadeva. Konico prsta pomočimo v hladno vodo in testeni krog do polovice navlažimo. Testo prepognemo čez nadev, da oblikujemo polkrog. Trdno pritisnite robove, da zaprete. Zberite oba vogala testa in ju stisnite skupaj. Tortelije položite na pripravljen pekač. Ponovite s preostalim testom in nadevom.

5. Pokrijte in ohladite, občasno obrnite kose, do 3 ure. (Za daljše shranjevanje zamrznite testenine na pekaču. Prenesite v odporne plastične vrečke. Tesno zaprite in zamrznite do enega meseca. Ne odmrzujte pred kuhanjem.)

6. Ko ste pripravljeni kuhati tortelije, zavrite vsaj 4 litre vode. Omako zavremo. Testenine dodamo v vrelo vodo s soljo po okusu. Dobro premešamo. Na zmernem ognju med pogostim mešanjem kuhajte, dokler testenine niso mehke, a še vedno čvrste na ugriz.

7. V toplo servirno skledo prelijemo nekaj omake. Testenine dobro odcedimo in dodamo v skledo. Prelijte s preostalo omako in 1/2 skodelice sira. Postrezite takoj.

Krompirjevi njoki

Gnocchi di Patate z Ragù ali Sugo

Za 6 obrokov

Rimske trattorie imajo običajno dnevne specialitete. Četrtek je običajno dan za krompirjeve njoke, čeprav se njoki pripravijo tudi za veliko nedeljsko kosilo pri mami, ko se zbere vsa družina.

Pomembna stvar, ki si jo morate zapomniti pri pripravi krompirjevih njokov, je, da z njimi ravnate previdno in krompirja nikoli ne preobremenite tako, da ga daste v kuhinjski robot ali mešalnik. Vsebnost vlage v krompirju bo določila, koliko moke potrebujete.

Če ste v dvomih, ali ste v testo dodali dovolj moke, poskusite ta trik, ki mi ga je predlagal spretni kuhar. Naredite testni njok. Odščipnite majhen kos testa in ga kuhajte v majhni kozici z vrelo vodo, dokler ne priplava na površje, nato pa kuhajte še 30 sekund. Vzemite ga iz vode in poskusite. Kroglica testa mora ohraniti svojo obliko, ne da bi bila mehka ali trda. Če je premehko, zamesimo še z moko. Če je trda, je verjetno že preveč moke. Začnite znova ali poskusite njoke kuhati še malo dlje.

4 skodelice <u>Neapeljski ragu</u> bodisi <u>sveža paradižnikova omaka</u>

1 1/2 funta krompirja za pečenje

Približno 2 skodelici večnamenske moke

1 velik rumenjak, stepen

Sol

1. Pripravimo ragu ali omako. Nato položite krompir v velik lonec s hladno vodo, da je pokrit. Lonec pokrijemo in pustimo vreti. Kuhajte, dokler se krompir ne zmehča, ko ga prebodete z nožem, približno 20 minut. Dva velika pekača potresemo z moko.

2. Ko je krompir še vroč, ga olupimo in narežemo na koščke. Krompir pretlačite z manjšimi luknjicami mlinčka ali mlina ali ročno s tlačilko za krompir. Dodamo rumenjak in 2 žlički soli. Dodajte eno skodelico moke, dokler se ne zmeša. Testo bo trdo.

3. Krompir postrgamo na pomokano površino. Na kratko pregnetemo in dodamo toliko moke, da bodo njoki kuhani

ohranili obliko, a ne toliko, da postanejo težki. Testo mora biti rahlo lepljivo.

4. Testo odstavimo. Postrgajte desko, da odstranite morebitno preostalo testo. Umijte in posušite roke, nato jih potresite z moko. Položimo en ali dva večja pekača in jih potresemo z moko.

5. Testo razrežemo na 8 kosov. Preostalo testo pustite pokrito in razvaljajte en kos v dolgo vrv, debelo približno 3/4 palca. Vrv narežite na 1/2 palca dolge koščke.

6. Če želite oblikovati testo, držite vilice v eni roki z zobci obrnjenimi navzdol. S palcem druge roke razvaljajte vsak kos testa čez hrbtno stran konic, rahlo pritisnite, da naredite grebene na eni strani in vdolbino za prst na drugi. Njoke stresemo na pripravljene pekače. Kosi se ne smejo dotikati. Ponovite s preostalim testom.

7. Hladite njoke, dokler niso pripravljeni za kuhanje. (Njoke lahko tudi zamrznete. Pekače postavite v zamrzovalnik za eno uro ali dokler se ne strdijo. Njoke položite v veliko trdno plastično vrečko. Zamrznite do enega meseca. Pred kuhanjem jih ne odtajajte.)

8. Pripravite segreto plitvo servirno skledo. V skledo vlijemo tanko plast pekoče omake.

9. Za kuhanje njokov zavrite velik lonec vode. Dodajte 2 žlici soli. Ogenj zmanjšajte, da voda rahlo vre. Njoke po nekaj kosov spuščajte v vodo. Ko njoki privrejo na površje, jih kuhamo 30 sekund. Njoke poberemo iz lonca z rešetkasto žlico, kose dobro odcedimo. Prenesite v servirno skledo. Ponovite s preostalimi njoki.

10. Njoke prelijemo z omako. Nalijte preostalo omako; potresemo s sirom. Postrezite toplo.

www.ingramcontent.com/pod-product-compliance
Lightning Source LLC
Chambersburg PA
CBHW071336110526
44591CB00010B/1165